普拉提

全民健身项目指导用书

何琳　王超华◎主编

吉林出版集团股份有限公司　全国百佳图书出版单位

图书在版编目（CIP）数据

普拉提 / 何琳, 王超华主编. -- 2 版. -- 长春：
吉林出版集团股份有限公司, 2010.2（2024.8重印）
全民健身项目指导用书
ISBN 978-7-5463-2408-1

Ⅰ. ①普… Ⅱ. ①何… ②王… Ⅲ. ①健身运动 – 基
本知识 Ⅳ. ①G883

中国版本图书馆 CIP 数据核字(2010)第 028395 号

全民健身项目指导用书

普拉提
PULATI

主　　编	何　琳　王超华	
责任编辑	黄　群　杜　琳	
封面设计	吕宜昌	
开　　本	650mm×960mm　1/16	
印　　张	8	
字　　数	60 千	
版　　次	2010 年 2 月第 2 版	
印　　次	2024 年 8 月第 4 次印刷	

出版发行	吉林出版集团股份有限公司
地　　址	吉林省长春市福祉大路 5788 号
邮　　编	130000
电　　话	0431-81629968
电子邮箱	11915286@qq.com
印　　刷	三河市金兆印刷装订有限公司
书　　号	ISBN 978-7-5463-2408-1　　定　价　39.80元

序言

自 1995 年我国政府推出《全民健身计划纲要》以来，我国群众性体育活动蓬勃发展，取得了显著的成绩。2008 年，举世瞩目的北京奥运会的成功举办，极大地激发了亿万人民群众的体育热情，增强了全社会的体育意识，营造了浓厚的全民健身氛围。面对这样的可喜局面，群众体育科研、教学工作者应义不容辞地为社会实践服务，从不同角度思考，如何使普通百姓通过简而易行的身体锻炼方式、方法和手段达到良好的健身效果，达到拥有健康的目标，从而享受生活、享受快乐人生。该书系就是在这样的思想指导下诞生的。

本书系能够顺应国家体育的大政方针，掌握时代脉搏，对指导大众健身，使大众掌握健身方法和手段有很好的促进作用。

本书系图文并茂，实用性强，分为球类运动、体操健身运动、传统武术、冰雪运动、水上运动、体育舞蹈、休闲运动、格斗运动、民间体育活动和极限运动等十大类项目，计 100 分册，按照统一的体例，力争有所创新。每册的具体内容为该项目的起源与发展、运动保健、基本

技术、运动技巧、比赛规则等，使读者在学习过程中，不仅能够学会运动健身的方法，同时还能够学到保健方面的基本知识。

经国务院批准，自 2009 年起，将每年的 8 月 8 日定为"全民健身日"。《全民健身项目指导用书》的出版，必将为开展全民健身活动起到积极的推动和指导作用。

目录 CONTENTS

目录 CONTENTS

第一章 概述

随着人们健身需求的不断增加，一些新的健身运动项目逐渐被引进，普拉提就是其中之一。普拉提的动作平缓，既可以有针对性地锻炼手臂、胸部和肩部肌肉，又可以增强身体的柔韧性。此外，普拉提运动不受活动场地的限制，无论是在健身馆中，还是在起居室里，都可以练习，因此深受广大健身爱好者的欢迎。

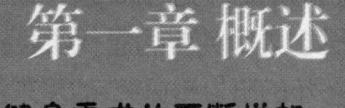

第一节
起源与发展

普拉提是一项舒缓全身肌肉、提高躯干控制能力的运动，它融入了东西方文化的多种元素，广泛传播于世界各地，深受广大健身爱好者的喜爱。

普拉提运动是以它的创始人约瑟夫·普拉提的名字命名的。约瑟夫·普拉提从小体弱多病，为了克服病痛，他曾经进行过健美、体操等各类运动训练。经过多年的研习和探究，他将东西方的养生方法融会贯通，佐以自己设计的仪器和运动技巧，创立了普拉提训练法。

随着普拉提运动的蓬勃发展，目前它已经逐渐成为世界范围内最流行、最时尚的健身运动项目之一。

1912 年，约瑟夫·普拉提旅居英国。1914 年，第一次世界大战爆发，约瑟夫·普拉提和其他德国人一起被安置在集中营里。在那里，他不仅自己练习这套自创的训练法，而且还利用一些简单器具帮助其他卧床的病人进行肌肉力量和控制能力的康复练习。战争结束后，约瑟夫·普拉提被德国政府邀请，对德国军人进行身体训练。

1923 年，约瑟夫·普拉提迁居纽约，也将普拉提这项运动带到了美国。由于约瑟夫·普拉提经常和芭蕾舞演员接触，后来他又将许多舞蹈元素融入到普拉提运动中，并使这项运动在芭蕾舞演员中迅速流传开来，成为他们的一种特殊训练法。

1926年，约瑟夫·普拉提与妻子卡娜在纽约市成立了第一间普拉提健身工作室，很快这项运动便在美洲、欧洲等地流传开来。

发展趋势

在中国，普拉提运动已经悄然进入人们的日常生活中，并因其简易的动作方法，在健身爱好者中得到了广泛的推广。普拉提运动可以加强人体的核心肌群，拉开脊椎，强化肌肉，增强身体敏锐度与弹性，而且对背部、膝盖、臀部、肩膀等部位很有助益，是老少皆宜的健身运动。现在，普拉提运动已发展成为全民健身计划的重要组成部分。

第二节

场地、器材和装备

普拉提运动对场地、器材和装备的要求并不高，但是高质量的场地是运动顺利开展的前提，而良好的器材和装备则是练习者发挥较高技术水平的必要保证。

场地

一般情况下，普拉提运动可以在普通场地上进行，但是高水平的训练则应该在健身馆中进行，以保证运动的舒畅，避免运动损伤的发生。

普通场地

规格

普通场地的选择较为灵活，无论是在家中的客厅、卧室、阳台，还是在公司办公室，只要有一个可容全身平躺的空间即可。

要求

（1）选择场地时宜选择安宁、通风良好的房间，空气要新鲜，可自

由吸入氧气；

(2)如果选择在室外，环境要适宜，不要在大风、寒冷或不洁、有烟味的空气中练习；

(3)由于普拉提涉及许多柔软动作，练习时难免有挤压肢体、肌肉的状况，应避免在坚硬的地板或太软的弹簧床上练习，否则容易造成擦伤或因失去重心而受伤。

健身馆

 见图 1-2-1

健身馆要保持干净，地面最好铺有专业地板。

设施

健身馆一定要有镜子，这样练习者可以在镜前练习，并及时纠正自己的错误动作。表现力较好的练习者可以在镜前一边练习，一边欣赏自己优美的动作。

要求

(1)健身馆应清洁、明亮，空气流通，无噪音干扰；

(2)如有柔和的音乐伴随，运动效果会更佳。

图 1-2-1

 **器材** ◆◇◆◇◆◇◆◇◇

练习普拉提时，通常会用到一些辅助运动器材，如垫子、健身球等。

 垫子 见图1-2-2

普拉提的垫子较瑜伽垫厚，垫子的大小要依平躺时的身长和个人体形而定。注意在承受身体重量时，不能出现过度坚硬或松软凹陷的地方。

 图1-2-2

 健身球 见图1-2-3

健身球一般由对人体无害的PVC材料制成，直径在65～75厘米之间，内部为空心结构，需充气使用。

图1-2-3

 **装备** ◆◇◆◇◆◇◆◇◇

练习普拉提时最好穿专业的健身服，这样既有利于增强动作的表现力与美感，又可避免不必要的运动损伤。

 款式 见图1-2-4

应选择宽松的棉布服装，服装要吸汗、透气、舒适、合身。为避免限制脚部关节的活动，练习时不应穿着鞋袜。

 要求

练习普拉提前应去除身上不必要的束缚，如腰带、领带、手表等饰物。

图1-2-4

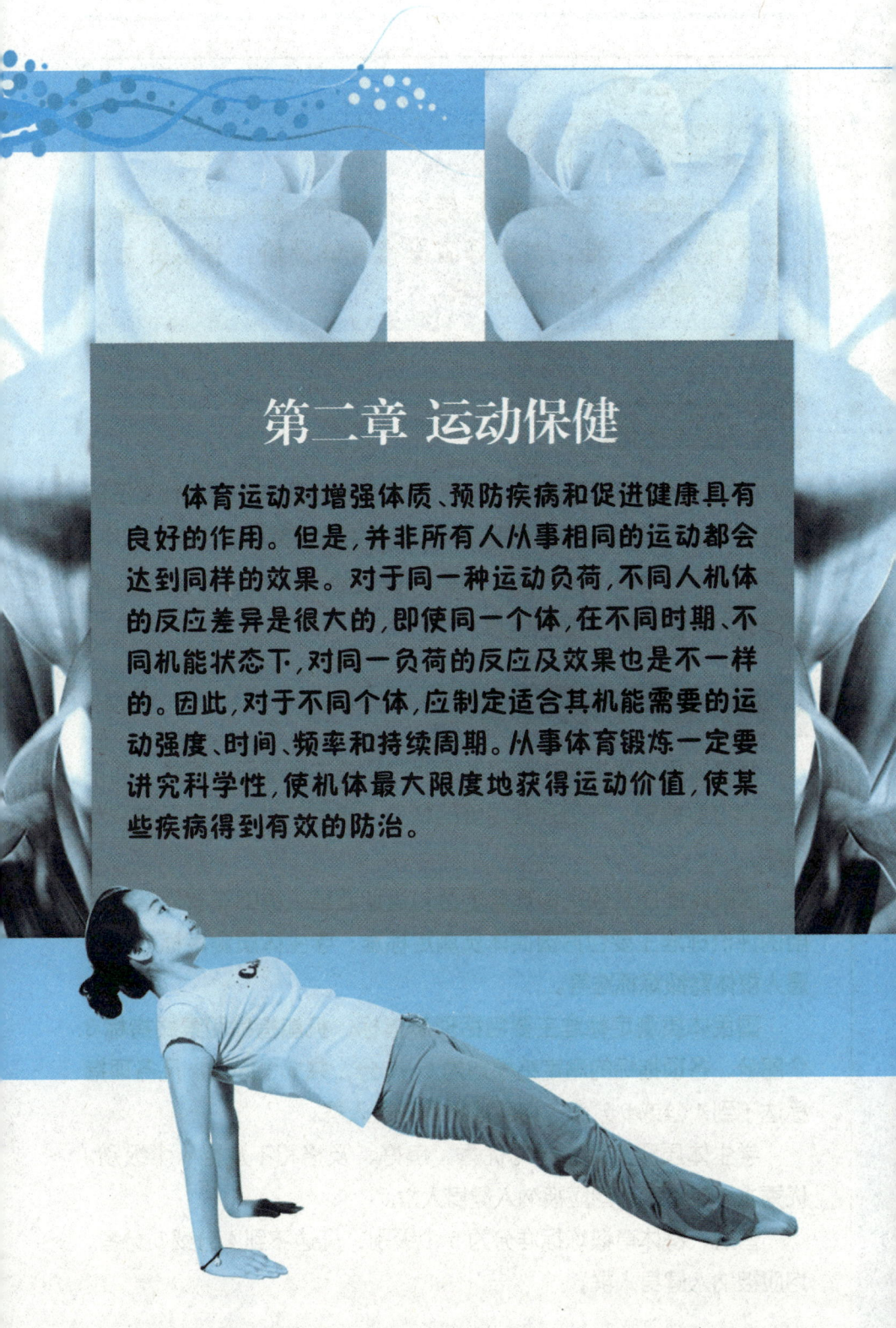

第二章 运动保健

　　体育运动对增强体质、预防疾病和促进健康具有良好的作用。但是,并非所有人从事相同的运动都会达到同样的效果。对于同一种运动负荷,不同人机体的反应差异是很大的,即使同一个体,在不同时期、不同机能状态下,对同一负荷的反应及效果也是不一样的。因此,对于不同个体,应制定适合其机能需要的运动强度、时间、频率和持续周期。从事体育锻炼一定要讲究科学性,使机体最大限度地获得运动价值,使某些疾病得到有效的防治。

第一节

自我身体评价

自我身体评价是指根据个体的不同情况以及简单的功能评定标准，对锻炼者进行身体评价，并以此为依据，确定具体的锻炼内容。

体适能是全身适应性的一部分，是人体精神和体力对现代生活的适应能力。为了促进健康，预防疾病，提高生活质量和工作学习效率，几乎所有人都可以追求健康体适能，而且经过简单的评价和测试，均可以成为目标人群，即适宜人群。

 健康体适能评价标准

健康体适能是指身体有足够的活力和精力处理日常事务，而不会感到过度疲劳，并且还有足够的精力去享受休闲活动和应对突发事件。

健康体适能是确定锻炼者是否为运动适宜人群的主要依据。目前的评价标准主要包括国民体质测定标准、学生体质测定标准和普通人群体育锻炼标准等。

国民体质测定标准主要包括形态指标、机能指标和素质指标 3 个部分，各项指标的测定结果均为 1～5 分，共 5 个级别。凡各项指标达不到 4 分或 5 分者，均应被纳入健身人群。

学生体质测定标准分为优秀、良好、及格和不及格 4 个级别。优秀水平以下者，均应被纳入健身人群。

普通人群体育锻炼标准分为 5 个级别，凡达不到 4 分或 5 分者，均应被纳入健身人群。

简易运动功能评定

简易运动功能评定的目的在于确定锻炼者有无运动禁忌症或临时运动禁忌的情况，即是否适合参加体育锻炼，以达到防备万一、避免意外事故发生的目的。目前通行的方式为 3 分钟踏台阶测试。

 目的

测试锻炼者运动后心率恢复的情况，以评估其心肺功能。

器材　见图 2-1-1

30 厘米高的长凳、节拍器、秒表和时钟。

步骤　见表 2-1-1

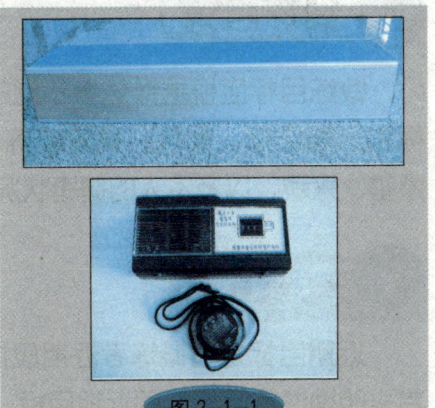

图 2-1-1

(1) 节拍器设定为每分钟 96 次，锻炼者依"上上下下"的节拍运动 3 分钟。

(2) 锻炼者完成 3 分钟踏台阶后，5 秒钟内开始测量其脉搏，时间为 1 分钟，记录其心率，并依据下表评价其功能水平。

(3) 运动后心率越低，证明其心肺功能越好。在运动强度允许的范围内，锻炼者可选择运动强度的较高值来进行运动。

 **3 分钟踏台阶测试评价表**

	年龄(岁)	欠佳(次)	尚可(次)	一般(次)	良好(次)	优异(次)
男士	18~25	>115	105~114	98~104	89~97	<88
	26~35	>117	107~116	98~106	89~97	<88
	36~45	>119	112~118	103~111	95~102	<94
	46~55	>122	116~121	104~115	97~103	<96
	56~65	>119	112~118	102~111	98~101	<97
	65+	>120	114~119	103~113	96~102	<95
女士	18~25	>125	117~124	107~116	98~106	<97
	26~35	>128	119~127	111~118	98~110	<97
	36~45	>128	118~127	110~117	102~109	<101
	46~55	>127	121~126	114~120	103~113	<102
	56~65	>128	118~127	112~117	104~111	<103
	65+	>128	122~127	115~121	101~114	<100

自我身体评价

注意事项

如锻炼者经过努力仍无法达标，或出现头晕、胸闷、出冷汗等症状，应立即终止测试。运动中应特别考虑运动强度，以防止出现意外。

锻炼目标

锻炼目标应根据锻炼者不同的身体状况来确定，可分为近期目标和远期目标。此外，确定锻炼目标还应结合锻炼者的运动意向、愿望、兴趣，以及本人的健康状况、疾病程度等因素来进行。

近期目标

近期目标是指锻炼者近期应达到的目标。在进行运动之前，应首先明确锻炼目标，即近期目标。选择一两个健康体适能构成要素，作为未来两个月内努力完成的目标，而且应从成功概率较高的构成要素开始，并将预期两个月后要达到的目标做上记号，如提高某个或某些关节的活动幅度，增强某个肌肉群的力量等。

远期目标

远期目标是指锻炼者最终要达到的目标。实践证明，经过科学合理的锻炼后，锻炼者是可以达到一般的远期目标的，如提高心肺功能，使其达到优秀的等级，或达到降血脂、防治高血压和冠心病的目的等。

运动负荷

运动负荷即运动量。怎样控制运动量，合适的运动时间是多少等，一直是人们争论不休的问题。但有一点是可以肯定的，那就是任何有关身体活动的意见和建议，都需要综合考虑锻炼者的身体状况和所要达到的目标，并以此为依据来制订科学的身体锻炼计划。

运动强度

　　在运动过程中，运动强度过小，则无法达到锻炼的效果；运动强度过大，不仅达不到最佳的锻炼效果，还可能产生一些副作用，甚至出现意外事故。确定运动强度有两种方法，即心率简易推测法和主观感觉疲劳分级表推测法。

❄ 心率简易推测法

　　(1)年龄在 20 岁左右的年轻人，身体健康，能坚持体育锻炼，欲进一步提高身体机能，可取最大心率值（最大心率值＝220－年龄）的 65%～85%。

　　(2)年龄在 45 岁以下，身体基本健康，有运动习惯者，开始进行健身锻炼，可取最大心率值的 65%～80%，没有运动习惯者，开始进行健身锻炼，可取最大心率值的 60%～75%。

　　(3)年龄在 45 岁以上，身体基本健康，有运动习惯者，开始进行健身锻炼，可取最大心率值的 60%～75%，没有运动习惯者，建议根据自身情况咨询专业人员来指导和确定运动强度。

❄ 主观感觉疲劳分级表推测法　　见表 2-1-2

　　运动的疲劳程度大致分为 10 级，具体为：0～1 级，没感觉；2～3 级，尚轻松；4～5 级，稍累；6～7 级，累；8～9 级，很累；10 级，精疲力竭。因此，健身锻炼的运动强度应控制在主观感觉疲劳程度的 4～7 级。

表 2-1-2　　主观感觉疲劳分级表

0 没感觉		2 尚轻松		4 稍累		6 累		8 很累		10 精疲力竭

 运动频率

运动频率是指每日及每周锻炼的次数。一般每周锻炼 3～4 次，即隔日锻炼 1 次即可。有充足的休息时间，可使机体得到充分的休息，收到更好的锻炼效果。

 运动持续时间

运动强度和运动持续时间，决定了一次锻炼的运动量和热量消耗。运动持续时间与运动强度成反比，运动强度大，运动持续时间可相应缩短，运动强度小，则运动持续时间应相应延长。

一般的健身锻炼，运动持续时间以每天 20～60 分钟为宜，其中包括准备活动时间、健身锻炼时间和整理活动时间。每次健身锻炼应在 20 分钟以上，锻炼可一次性完成，也可分段进行，但每段的活动时间应在 10 分钟以上。

运
动
保
健

第二节

运动价值

运动价值是人们一直在探讨的问题。一般认为，运动具有两方面的价值，即健身价值和心理价值。身体和精神的健康是相互依存的，伴随着身体功能的改善，精神状况也能同时得到改善。

 健身价值

健身价值在于提高体适能。体适能包括心肺耐力素质、肌肉力量素质、柔韧性素质和身体成分等。体适能的发展是积极从事锻炼的结果，只有规律性的体育锻炼才能达到最佳的体适能。

提高心肺耐力素质

心肺耐力是指全身肌肉进行长时间运动的持久能力，是体内心肺系统对身体各细胞的供氧能力。人体的心脏、肺、血管、血液等组织的功能是心肺耐力的基础，它们与氧气和营养物质的输送以及代谢物的清除有关。健全的心肺功能是健康的基本保证。

系统的体育锻炼，可以使心肌增厚，收缩力加强，心室容积增大，从而使心脏的泵血功能增强，表现为心血输出量增加。

系统的体育锻炼，呼吸系统机能也将得到提高，表现为呼吸肌的力量增强，肺活量、肺通气量明显增加，保证对机体供氧的能力。

系统的体育锻炼，可以促进血管系统的形态、机能和调节能力产生良好的适应力，从而提高机体的工作能力。

系统的体育锻炼，可以使血液系统产生某些适应性变化，如血容量增加、血黏度下降、红细胞膜弹性增强和红细胞变形能力增强等。

提高肌肉力量素质

肌肉力量是指肌肉最大收缩产生的对抗阻力或负荷的能力。肌肉力量只有达到一定的程度，才能克服外界阻力，而克服外界阻力是维持日常生活自理、从事各种劳动和运动的必要前提。

系统的体育锻炼，可以提高肌肉的生理横断面积，可以改善神经系统对肌肉收缩的支配功能，还可以提高肌肉内代谢物质的储备量，使肌肉力量得到提高。

提高柔韧性素质

柔韧性是指人体各关节的活动幅度，即关节的肌肉、肌腱和韧带等软组织的伸展能力。柔韧性对于保证正常生活质量、维持正常体态、预防损伤发生和减轻损伤程度等方面均起到至关重要的作用。

运动价值

系统的体育锻炼，还可以延缓因年龄因素而导致的柔韧性下降，预防因缺乏运动而导致的关节结构、周围软组织和膝关节肌肉退化，从而使锻炼者的日常生活、劳动和运动等更加充满活力。

改善身体成分

运动保健

身体成分是指人体体重中的脂肪组织和去脂组织的重量百分比。身体成分中的脂肪成分增加，肌肉成分必然下降。身体中不具备收缩功能的脂肪组织增加，必然导致身体进行各种活动的能力下降，基础代谢水平降低，肥胖症、冠心病、高血压、糖尿病、高血脂等慢性疾病发病率的提高。因此，身体成分是保证人体健康的重要内容之一。

通过系统的体育锻炼，随着锻炼者体质的增强，热量消耗便随之增加，进而燃烧掉体内多余的脂肪，使身体成分得到改善。而身体成分的改善，又可以减少体重对关节可能带来的不利影响，还可以使肥胖者的心理状况得到改善，增强其自信心，使其逐步建立起健康的生活方式。

心理价值

研究证明，有规律的体育锻炼不但可以使锻炼者增强体质、促进身体健康、预防一些慢性疾病，还可以提高锻炼者的生活满意度和生活质量，对其心理健康产生积极影响。

体育锻炼的心理健康效应主要表现在六个方面：

改善情绪状态

短期效应

研究发现，体育锻炼对人的情绪状态具有显著的短期效应。运动后人们的焦虑、抑郁、紧张和心理紊乱等症状会明显减轻，而精力和愉快程度则明显增强。而且这种情绪的迅速变化，与锻炼者个体的健康状况、活动形式和活动强度等有着直接的联系。

 长期效应

体育锻炼对人情绪的长期效应有着直接的影响，与不锻炼者相比，有规律的锻炼者在较长时期内很少会产生焦虑、抑郁、紧张和心理紊乱等情绪。

完善个性行为特征 见表 2-2-1

人们的行为特征一般可以分为两种类型，用 A 型行为特征和 B 型行为特征来表示。A 型行为特征主要表现为性情急躁、争强好胜、容易激动、整天忙碌和做事效率高等。B 型行为特征主要表现为不好竞争、不易紧张、不赶时间、对人随和、喜欢自由自在等。具有 A 型行为特征的人由于过度紧张的情绪反应，会引起内分泌失调，增加心脏病发病的概率。目前的一些研究主要集中在体育锻炼对改变 A 型行为特征的作用方面。研究结果表明，有规律的体育锻炼能明显改变 A 型行为特征。

表 2-2-1　A、B 型个性行为特征常见表现

A 型行为特征者常见表现	B 型行为特征者常见表现
约会从来不迟到	对约会很随便
竞争意识很强	竞争意识不强
别人要讲话时总爱抢先或插话	是别人讲话时很好的听众
总是匆匆忙忙	即使有压力也从不匆忙
等待时缺乏耐心	能够耐心等待
干事时全力以赴	处事漫不经心
同时想干很多事	在一段时间里只干一件事情
讲话喜欢用加强语气，甚至敲桌子	讲话语速缓慢、不慌不忙
做了好事希望能得到别人的认可	只要自己满意即可，不管别人怎样想
吃饭、走路都很快	做事情很慢
不善与人相处	为人随和
容易暴露自己的感情	能控制自己的感情
具有广泛的兴趣	没什么业余爱好
雄心壮志	满足于目前的工作和学习状况

 确立良好自我概念

自我概念是指个体对自己身体、思想和情感的主观整体评价，它由许多自我认识组成，包括我是什么人、我主张什么和我喜欢什么等。

坚持体育锻炼，可以使锻炼者体格强健、精力充沛、提高驾驭身体的能力，从而改善对自身的满意程度，确立良好的自我概念。

 改变睡眠模式

根据脑电图的显示，人的睡眠可以分为两种状态，即慢波睡眠状态和快波睡眠状态。前者为浅度睡眠状态，后者为深度睡眠状态。一夜之间两种睡眠状态会交替发生 4～5 次。

有规律的体育锻炼不仅对慢波睡眠有促进作用，而且能缩短入眠的潜伏期，并延长睡眠的时间。

 改善认知能力

体育锻炼还能改善人的认知过程，避免反应时间过长、注意力不集中和思维混乱等症状的发生，尤其对老年人的认知能力改善效果更为明显。

 增加心理治疗效应

体育锻炼被公认为是一种心理治疗的好方法。目前人群中常见的心理疾患是抑郁症和焦虑症。研究发现，体育锻炼是治疗抑郁症的有效手段之一，抑郁症患者经过有规律的体育锻炼，抑郁症状能明显减轻。

体育锻炼还具有治疗焦虑症的作用，通过有规律的体育锻炼，可以使锻炼者的焦虑症状明显改善。

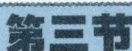

第三节

运动保护

　　在运动过程中，人体机能会随时发生变化。因此，应针对这种机能变化的特点来进行体育锻炼，也就是我们所说的运动保护。运动保护一般包括运动前准备、运动后放松和自我养护三个方面。

运动前准备

　　准备活动是指在正式运动之前进行的有目的的身体练习。做好充分的准备活动，可以缩短机体进入最佳状态的时间，同时还可以预防运动损伤的发生，为机体发挥最大的工作效率做好功能上的准备。

准备活动的作用

提高中枢神经系统兴奋状态

　　(1)使大脑反应速度加快，参加活动的运动中枢神经相互协调。

　　(2)为正式运动时生理机能达到适宜程度提前做好准备。

提高机体代谢水平

　　(1)准备活动可以使锻炼者体温升高，降低肌肉黏滞性，使肌肉的伸展性、柔韧性和弹性增强，从而有效预防运动损伤的发生。

　　(2)准备活动可以增强体内代谢酶的活性，使物质代谢水平提高，以保证运动时有较充分的能量供应。

克服内脏器官生理惰性

　　(1)准备活动可以提高心血管系统和呼吸系统的机能水平,使肺通气量及心血输出量增加。

　　(2)可以使心肌和骨骼肌的毛细血管扩张,使其工作肌获得更多的氧,从而克服内脏器官的生理惰性,使之尽快达到最佳状态。

 增加皮肤毛细血管血流量

准备活动可以使皮肤毛细血管的血流量增加，运动后毛细血管扩张，有利于散热，降低体温，有效防止开始正式活动时由于体温过高而影响运动能力。

准备活动要求

准备活动时间

（1）准备活动的时间可以根据运动项目的具体情况确定，一般以10～30分钟为宜。

（2）准备活动与正式运动的间隔时间，一般以不超过15分钟为宜，可以在做完准备活动后立刻进行正式运动。

准备活动强度

（1）准备活动的强度和量应较正式运动小，以免引起不必要的疲劳。

（2）准备活动的量可以由心率来决定，心率以100～120次／分为宜。

准备活动内容

 一般性准备活动

一般性准备活动的内容多以伸展运动开始，然后进行一般性的跑步、徒手体操等活动。

下面介绍一套常用的一般性准备活动操，供锻炼者运动前使用。这套活动操主要包括头部运动、肩部运动、扩胸运动、体侧运动、体转运动、髋部运动和踢腿运动等。

图 2-3-1

头部运动

头部运动的动作方法（见图 2-3-1）：两手叉腰，两脚左右开立，做头部向前、向后、向左、向右，以及绕环运动。

肩部运动

肩部运动的动作方法（见图 2-3-2）：手扶肩部，屈臂向前、向后绕环，以及直臂绕环。

扩胸运动

扩胸运动的动作方法（见图 2-3-3）：屈臂向后振动及直臂向后振动。

体侧运动

体侧运动的动作方法（见图 2-3-4）：两脚左右开立，一手叉腰，另一臂上举，并随上体向对侧振动。

体转运动

体转运动的动作方法（见图 2-3-5）：两脚左右开立，两臂体前屈，身体向左、向右有节奏地扭转。

髋部运动

髋部运动的动作方法（见图 2-3-6）：两脚左右开立，两手叉腰，髋关节放松，向左、向右 360 度旋转。

图 2-3-2

图 2-3-3

踢腿运动

踢腿运动的动作方法（见图 2-3-7）：两臂上举后振，同时一腿向后半步，重心置于前腿，两臂下摆后振，同时向前上方踢腿。

图 2-3-4

图 2-3-5

图 2-3-6

图 2-3-7

专门性准备活动

专门性准备活动的动作方法、节奏和强度等与正式锻炼相似，目的是使人体主要肌群在运动前得到动员，为正式锻炼做好准备。

运动后放松

运动后放松是指运动之后所进行的一些能够加速机体功能恢复的、较轻松的身体活动。与运动前准备活动相反，其目的是使锻炼者的生理机能水平逐步得到恢复。

放松方法

运动性手段

（1）运动结束后，锻炼者可采用变换运动部位的方法来消除疲劳，如上肢出现疲劳时可做一些慢跑运动，下肢出现疲劳时可做一些上肢运动。

（2）转换运动类型也是一种不错的放松方法，如打羽毛球出现疲劳时，可从事瑜伽运动来达到放松的目的。

（3）还可以用调整运动强度的方法来缓解疲劳，如可以在放松过程中，采用小强度的轻微运动方法等。

整理活动　见图2-3-8

（1）整理活动是指运动后所做的一些能够加速机体功能恢复的身体活动，如剧烈运动后进行3~5分钟慢跑或其他整理活动，使身体机能得以恢复。

（2）剧烈运动后如不做整理活动而骤然停止动作，会影响氧气的补充和静脉血的回流，使机体血压降低，引起不良反应。

图 2-3-8

（1）在进行整理活动时动作应缓慢、放松，运动量不要过大，否则会引起新的疲劳。

（2）在进行整理活动时，应当保持心情舒畅、精神愉快。

锻炼后，锻炼者感觉身体疲劳是一种正常的生理现象，是体育锻炼过程中的正常反应，随着体育锻炼时间的延长，疲劳症状会自然消失。运动性疲劳出现后，锻炼者如果采用一些自我养护措施，可以加速身体机能的恢复，尽快消除疲劳，提高锻炼效果。常见的自我养护方法主要包括运动后休息、合理营养和物理手段等三种。

静止性休息　见图 2-3-9

（1）静止性休息是指锻炼者运动后保持机体相对的静止状态，以促进身体机能的恢复，尽快消除疲劳。

（2）静止性休息的最佳方式之一是睡眠，特别是刚开始从事锻炼者，身体不适应或疲劳症状明显时，更应该保证足够的睡眠，否则，锻炼者虽然积极参加了体育锻炼，但收效甚微，甚至会导致过度疲劳症状的发生。

（3）静止性休息更适合于消除全身运动导致的整体疲劳症状。

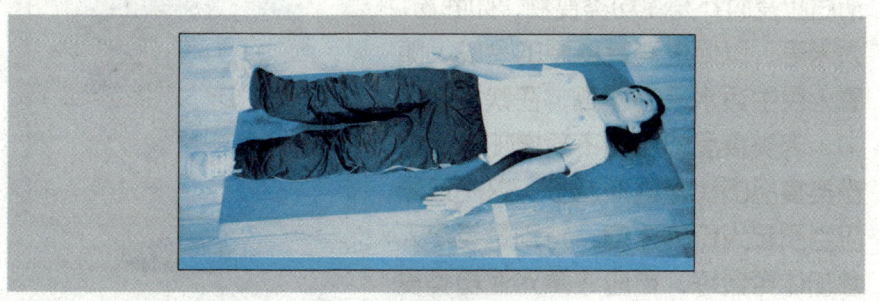

图2-3-9

 积极性休息 见图2-3-10

（1）积极性休息更适合由于少量肌肉群参与工作而导致的局部疲劳，或运动强度较大而导致的快速疲劳。

（2）积极性休息可以加速血液循环，有利于代谢物排出体外，对促进身体机能的恢复具有明显的效果。

图2-3-10

 合理营养　见图2-3-11

小强度、长时间的运动形式，主要是靠糖原的有氧代谢提供能量。运动后应及时补充淀粉类食物，如面粉、大米等，以促进消耗糖原的合成。随着人民生活水平的提高，在饮食结构中，肉类食品的比重不断增加，而淀粉类食品的比重逐渐减少，这一现象应当引起人们的注意，特别是老年人参加体育锻炼，更应注意对淀粉类食物的补充。

图2-3-11

强度较大、时间又相对较长的运动形式，主要是靠糖原的无氧代谢提供能量。这样，糖原无氧代谢产物——乳酸便会在体内大量堆积。因此，运动后应多补充蔬菜、水果等碱性食品，以加速乳酸的清除，达到尽快消除疲劳的目的。

物理手段

 按摩及牵拉　见图2-3-12

（1）通过刺激神经末梢、皮肤结缔组织和毛细血管的按摩方法，可以使紧张的肌肉得以放松，从而改善局部组织和全身的血液循环，达到促进身体机能恢复的目的，这种方法可以在锻炼后马上进行。

（2）此外，还可以采取缓慢牵拉肌肉的方法，使收缩的肌肉得到充分的伸展放松。

水疗及电疗

（1）水疗包括芬兰式蒸汽浴、热水浴和桑拿浴等多种形式，主要作用是通过提高体温，促进血液循环，清除代谢物，以达到尽快消除疲劳、恢复体力的目的。

（2）水疗的时间一般以不超过30分钟为宜，如果时间过长，会进一步消耗体力，严重时甚至会出现暂时性脑缺血现象。

（3）如果条件允许，还可对疲劳的肌肉进行低频治疗。低频治疗仪的原理是模拟针灸疗法，使用时将电极用不干胶对称地粘贴在运动部位表皮上。这种疗法可以促进局部血液循环，改善组织代谢，缓解肌肉酸痛，消除疲劳。

图 2-3-12

第三章 基本技术

　　普拉提作为一种新颖的健身方式，简单易学，动作平缓，可以有针对性地锻炼颈部、手臂、胸部、肩部、背部、腰部等部位肌肉。它在帮助人们扁平腹部、结实肌肉、美化形体的同时，还能够加强肌体器官功能，增强身体的控制性、柔韧性和协调能力。普拉提的基本技术是练习的核心部分，主要包括呼吸原则与方法和动作练习等。

第一节

呼吸原则与方法

　　呼吸对任何运动都十分重要，尤其是在做普拉提练习时，配合正确的呼吸方法，能够锻炼腹腔肌肉，使动作更富有节奏感。吸气可以协助调整身体的姿势，呼气则有助于脊柱远伸和肌肉拉长，增加动作幅度。正确的呼吸方法，有助于释放心理压力，调节心情。

呼吸原则

普拉提的呼吸原则为：

　　(1)用鼻子吸气，用嘴呼气，讲究呼气的深度，尽可能运用腹式呼吸法；

　　(2)呼吸的速度不易太快，与动作的速度基本保持一致，不要憋气；

　　(3)运动时注意呼气，静止时注意吸气，这样可以缓解因肌肉用力，而给身体内部带来的压力；

　　(4)通过控制呼吸，把注意力集中在呼吸上，减少对肌肉酸痛的敏感度。

呼吸方法

　　良好的呼吸方法可以使头脑、身体、精神集中于一体，缓解练习者的肉体紧张和心灵压力。练习时应掌握正确的呼吸方法，与我们通常的呼吸不同，普拉提运动在呼吸时要求在动作用力时吸气(这时腹部处于伸展状态)，而在收紧腹部时呼气。普拉提的呼气方法(见图3-1-1)是：

　　(1)仰卧，两腿并拢，屈膝，两臂置于体侧，慢慢吸气，胸腔打开，肋

骨侧移,腰背部向上拱起;

　　(2)慢慢呼气,将气积压出去,肋骨向内闭合,腰背部贴近地面;

　　(3)调整呼吸,使腰部略离开地面(能放进一个手掌的距离),腹部收紧,脊柱放松,调整脊柱及下腹部和骨盆四周的肌肉群;

　　(4)膝部弯曲,脊柱放松,两手放在骨盆上,盆骨两侧上端与耻骨联合成三角形并与地面平行。

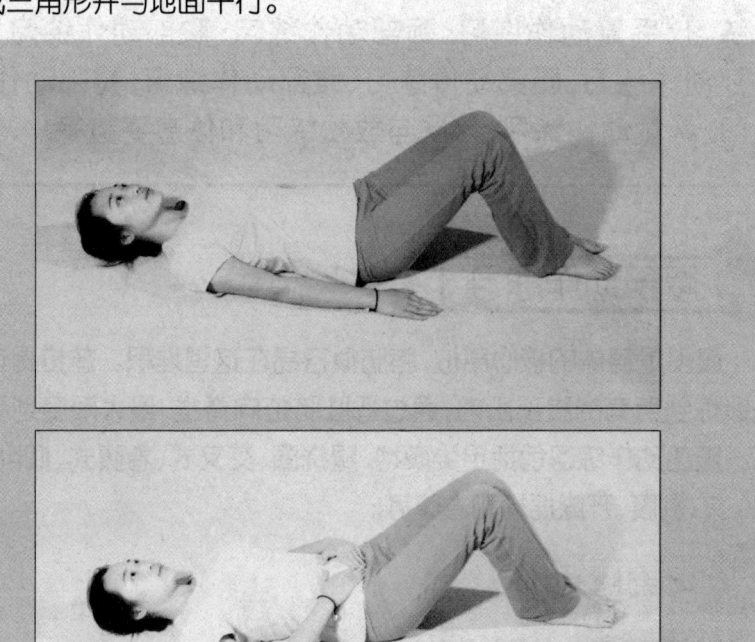

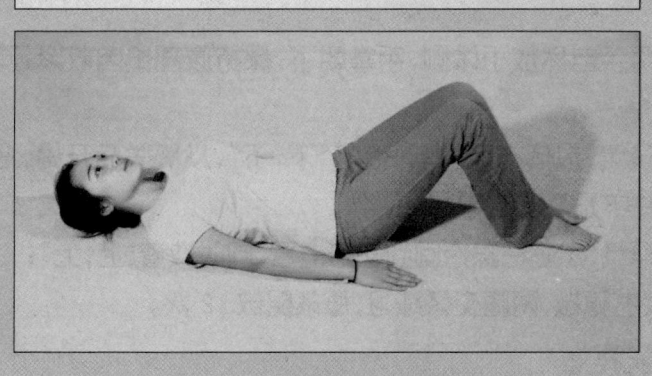

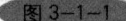

图 3-1-1

第二节

动作练习

普拉提是一项能够提高全身肌肉力量,增强身体控制能力的运动,动作练习包括腹部动作练习、背部动作练习、手臂动作练习、颈部动作练习、胸部动作练习、肩部动作练习、腿部动作练习、腰部动作练习、臀部动作练习、骨盆动作练习、伸展与放松练习和休息姿势等。

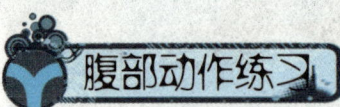

腹部动作练习

腹部是身体的核心部位,脂肪很容易在这里堆积。普拉提运动可以锻炼到所有的腹部肌肉,通过把肚脐拉向脊椎,最大限度地抚平腹部。腹部动作练习包括足尖蘸地、腿绕圈、交叉式、卷腹式、仰卧起坐、100 次、侧腹、开腿摇椅和卷腹等。

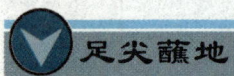

足尖蘸地

动作方法 见图 3-2-1

(1)仰卧,两腿抬起,膝盖弯成 90 度,大腿向上伸直,腰部与地面平行;

(2)两手自然放于体侧,手掌朝下,保持腹部肌肉收紧,同时背部压向地面;

(3)吸气,放低右腿,同时数着"下,下",从髋关节开始,把脚尖蘸向地面(并不是真的碰到);

(4)呼气,然后把腿抬回到初始位置,同时数着"上,上";

(5)换左腿做,两腿交替练习,每条腿做 12 次。

技术要点

腰部应紧贴地面,头部、腰部放松,腹部紧张。

❀ 错误纠正

练习时易出现足尖碰到地面等问题。因此,应尽量控制脚尖。

❀ 伤害预防

为减少对肌肉的伤害,足尖蘸地时,应尽量使颈部和肩部放松。

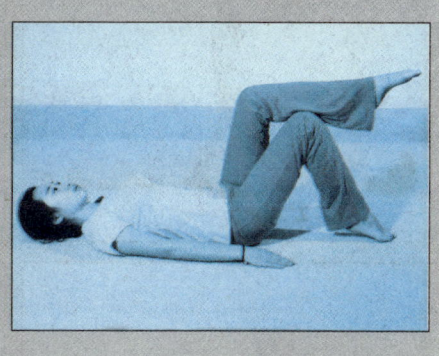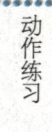

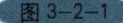

图 3-2-1

 腿绕圈

❀ 动作方法　见图 3-2-2

(1)身体平躺,两臂自然放于体侧,手掌朝下,先把一条腿向上举起,脚趾尖绷直,另一条伸直或弯曲放在地上,腹部收紧,腰部贴紧地面,保持 10~60 秒;

(2)吸气时用向上举起的腿划圈,方向顺逆时针均可,呼气时回到起点,并停止动作;

(3)这样一个方向做 4~6 次,然后换方向再做 4~6 次。

❀ 技术要点

腿部绕环的幅度不要太大,并保持臀部、髋部不动,身体不要摇摆。

❀ 错误纠正

练习时易出现腿绕环幅度过大,臀部抬起离地等问题。因此,应将绕环角度控制在 30 度左右,并且保持臀部、髋部紧贴地面。

伤害预防

为减少对腿部肌肉的拉伤，练习时腿部用力要均匀。

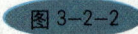

图 3-2-2

 交叉式

动作方法 见图 3-2-3

（1）开始动作同足尖蘸地，两手放于头后，肘关节外翻，上体略向上抬，抬头，颈部和肩部离开地面，收缩腹部；

（2）吸气，同时把身体转向右侧，左膝和左肩尽量靠近，伸直右腿，以对角线的形式朝向天花板，呼气；

（3）两侧交替进行为一组，共做 6 组。

✿ **技术要点**

上身侧转时尽量与另外一侧的下肢靠近。

✿ **错误纠正**

练习时易出现转体时变成侧卧等问题。因此,向一侧转体时,注意这一侧手臂、腰部及臀部都不要抬起。

✿ **伤害预防**

为减少对肩部的伤害,转体时所朝向的身体一侧要做好支撑。

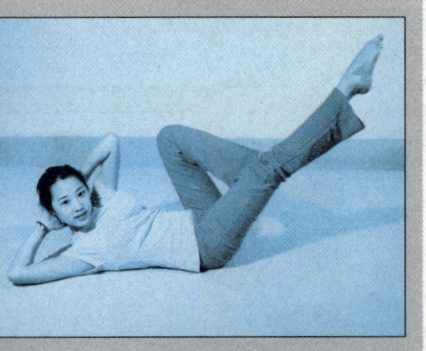

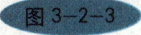
图 3-2-3

 **卷腹式**

✿ **动作方法** 见图 3-2-4

（1）身体平躺,两臂伸过头顶,手臂夹住耳朵,两膝弯曲,吸气（闭上嘴,用鼻子吸气）;

（2）用嘴呼气,有控制地慢慢坐起,腹部收紧,脚不要离开地面;

（3）背部挺直,肩部下沉,两臂前伸,吸气;

（4）呼气,身体回到初始位置。

✿ **技术要点**

将注意力集中在腹部肌肉上,主要感觉腹肌用力,整套动作要缓慢。

❀ **错误纠正**

动作期间易出现用嘴呼吸等问题。因此,应注意体会呼吸方法。

❀ **伤害预防**

为减少对腿部的伤害,应保持腿部用力均匀。

图 3-2-4

 **仰卧起坐**

❀ **动作方法** 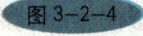 见图 3-2-5

(1)身体平躺,两腿弯曲,脊柱维持自然弯曲弧度,两手掌交叉放

于头后,两肘放松;

　　(2)吸气,腹部先收紧,上身离开地面,背部与地面呈 30 度角;

　　(3)呼气,腹部保持收紧,回到动作(1)。

　　以腹部肌群的紧张力控制身体,慢慢地使脊柱骨逐渐伸展后还原。

　　练习时易出现动作做得又快又猛,身体不自然地向一个方向倾斜等问题。因此,应尽量控制仰卧起坐的方向与速度,以达到锻炼效果。

　　为减少对腹部肌肉的拉伤,速度应尽量放慢。

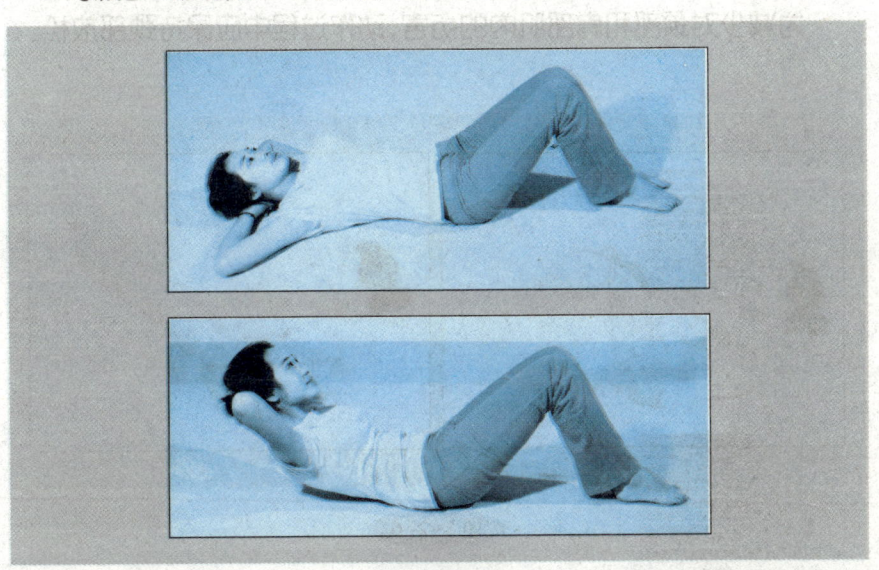

图 3-2-5

见图 3-2-6

　　(1)身体平躺,两腿弯曲并拢,两腿离开地面,大腿与地面垂直,小腿与大腿呈 90 度角,两手放于膝盖;

（2）上身蜷起离开地面，两腿伸直并拢，与地面呈 45 度角，两手伸直与地面平行；

（3）吸气 5 小口，两手上下拍打 5 次，身体保持平衡；

（4）呼气 5 小口，两手继续拍打 5 次，重复 10 次；

（5）完成后，身体触地，回到动作（1）。

技术要点

保持四肢的舒展。

错误纠正

练习时手臂或腿部易出现不自觉的弯曲等问题。因此，应保证手臂和腿部的伸直状态。

伤害预防

为减少对颈部和肩部肌肉的伤害，动作过程中应保持颈部放松。

图 3-2-6

侧腹

动作方法　见图 3-2-7

（1）屈腿坐，两腿并拢，大腿与小腿呈 90 度角，上体挺直，两臂前并举，头顶向上延伸，吸气，两臂慢慢向上抬成上举，上体保持直立，收腹；

（2）上体正直，两臂侧平举，呼气，上体慢慢右转，保持 2 秒钟，还原；

（3）并腿坐，屈腿，吸气，两脚离开地面，慢慢上抬至小腿与地面平行，同时上体略后仰，两臂前平举，腹部保持紧张；

（4）保持上一动作，呼气，上体右转，保持 2 秒，慢慢还原。

❀ 技术要点

扭转腰时，髋部和下肢保持不动，动作要有控制地缓慢进行，上体脊柱保持直立，不能松弛，后倒时头有向上拔的感觉。

❀ 错误纠正

练习时易出现臀部抬起离地等问题。因此，应注意保持臀部尽量紧贴地面。

❀ 伤害预防

为减少对腹部肌肉的拉伤，腹部应保持紧张用力。

图 3—2—7

开腿摇椅

 动作方法　见图 3—2—8

（1）身体呈坐姿，两腿并拢上抬，两手轻握脚踝，脊椎呈"C"字形，腹部收缩，带动身体重心后移，至脚尖离地位置；

（2）身体重心位于坐骨上，将两腿并拢向前伸直，再慢慢向两侧打开至"V"字形，腰部、背部尽量挺直；

（3）吸气，腹部先收缩，牵引腰部后方的伸展，再带动脊椎弯曲，身体向后滚，至肩胛骨着地的位置；

（4）呼气，保持背部的弯曲弧度，借助肋骨与腹肌的收缩，将身体滚回坐立的位置，找到平衡位置后，将背部挺直。

技术要点

（1）向后方滚动时，尽量滚过脊椎的每一个部位，让脊椎得以完全伸展；

（2）整个过程中，两腿间距不变，身体与腿部的距离也要保持固定。

错误纠正

滚动时易出现两腿并拢等问题。因此，应始终保持两腿呈"V"字形。

伤害预防

为减少对坐骨和脊椎的伤害，腹部应始终收紧。

 卷腹

动作方法　　见图3-2-9

（1）直腿坐，吸气，两臂前平举，上体直立，头部向上延伸；

（2）呼气，颈部、肩部放松，向后方卷腹；

（3）两脚不要离开地面，背部放松，腹部保持紧张；

（4）上体继续慢慢向后，背部、肩部先后有控制地着地，呼气；

（5）保持身体仰卧姿势，头部和手臂有控制地着地；

（6）吸气，手臂向体前慢慢伸直，颈部离开地面，腹部收缩；

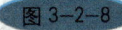

图3-2-8

（7）呼气，背部离开地面，腹部收缩，两脚保持不动；

（8）髋部、腿部保持不动，吸气，脊椎直立，两手向上伸展，头部用力上顶；

（9）呼气，上体慢慢前屈，两手前伸，腰部略塌，向前压；

（10）上体继续慢慢前压至前屈，腹部尽量与大腿靠拢，两臂前伸，背部肌肉放松，腿后群肌肉放松。

技术要点

（1）整套动作连续进行，一气呵成，且腹部始终保持紧张状态；

（2）卷腹时颈部、胸部、腰椎都要尽量放松。

错误纠正

练习时易出现腿脚离地等问题。因此，应尽量保持紧贴地面。

伤害预防

为减少对大腿肌肉的拉伤，应腹部用力。

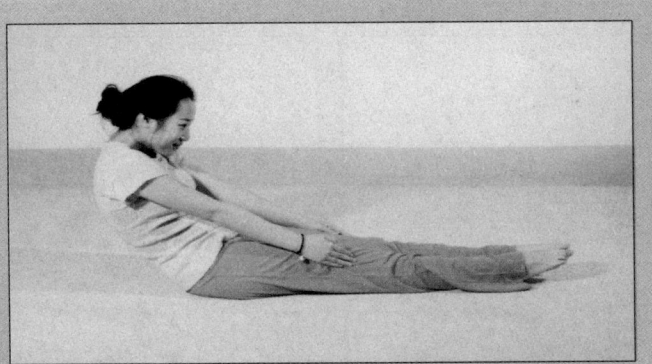

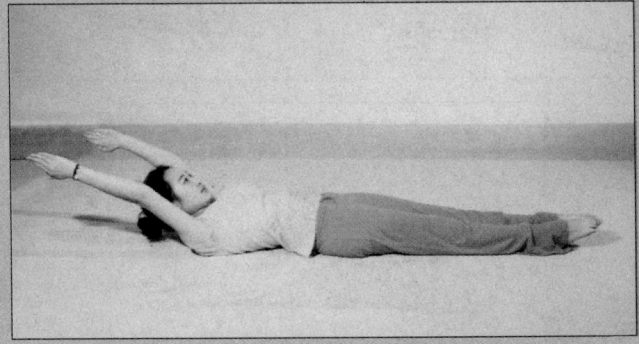

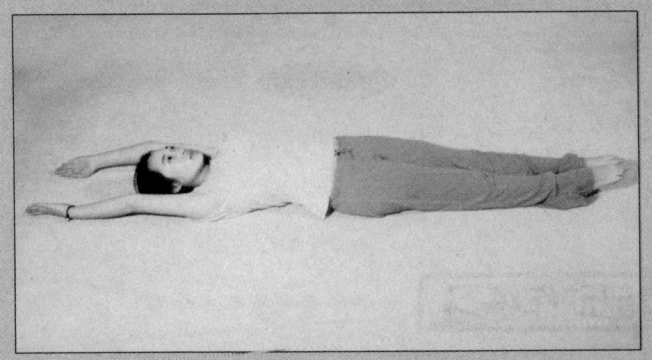

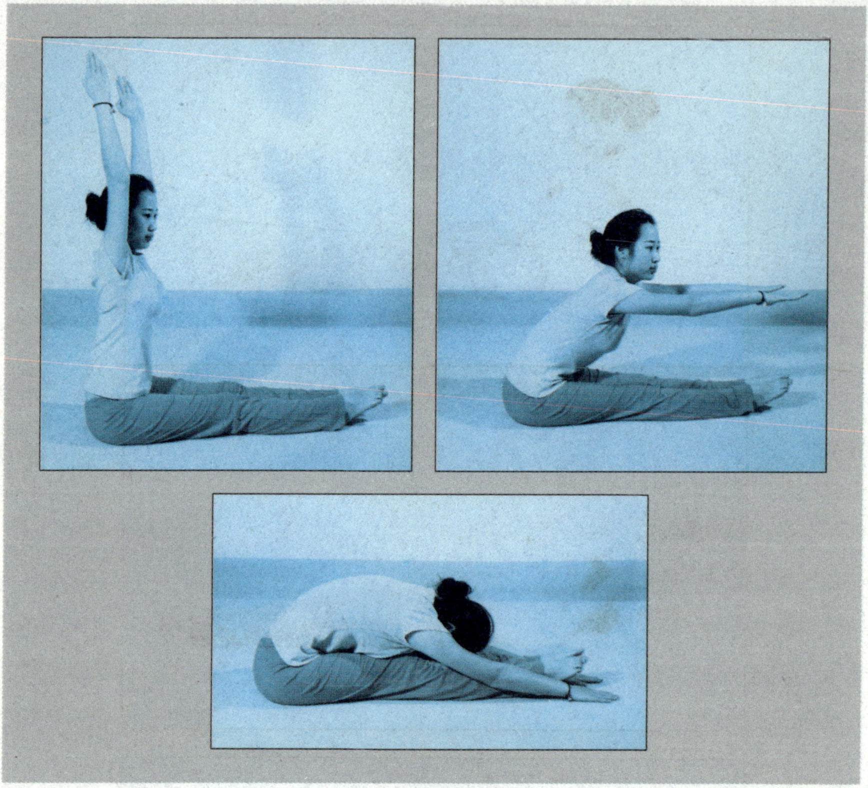

图 3-2-9

背部动作练习

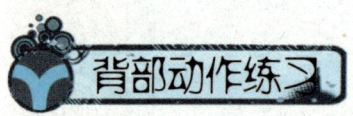

普拉提可以给脊柱更多的支撑，给脊椎骨之间创造出更多的空间。这些多余的空间不仅会使脊背看起来更加修长，同时可以让它有更大的灵活性。背部动作练习包括盘坐背伸展、猫式转马式、婴孩式、滚动式、天鹅翘首式、背部旋转伸展、驼式伸展、脊柱伸展、上半背伸展、背部伸展、海狮滚动和动作组合等。

盘坐背伸展

动作方法 见图3-2-10

（1）盘腿坐，吸气，两臂上举，两手合十，头、手、肩胛、臀部与地面垂直；

（2）呼气，上体慢慢前屈，向前伸至最远处，手触地，低头、含胸。

技术要点

向前屈体时要把整个背部尽量下压，手臂尽量向前。

错误纠正

练习时易出现手臂向外展开等问题。因此，手臂应与肩部同宽，否则训练效果不够明显。

伤害预防

为减少对脚踝的伤害，基本姿势应保持盘腿坐姿。

图3-2-10

猫式转马式

动作方法 见图 3-2-11

（1）两腿跪卧，膝盖与髋关节呈 90 度角，两手放于肩部正下方，背部伸直，与地面平行，从身体两侧和肋骨后面深深吸气；

（2）呼气，收紧腹部，背部形成一个圆形，将头顶和尾骨向相对的方向拉，此式动作像一只吃惊的猫，称为猫式；

（3）吸气，背部形成一个弓形，保持腹部拱起，此时动作像一匹老马，称为马式；

（4）慢慢由猫式变为马式，重复做 4 次。

技术要点

腿部始终保持 90 度角。

错误纠正

练习时易出现做猫式时背部略拱起，做马式时肩部端起等问题。因此，应在做猫式时尽量下压肩部，做马式时在肩部放松情况下极力躬身。

伤害预防

为减少对腕部和膝盖的伤害，上拱与下压时背部要用力，四肢只起到支撑作用。

图 3-2-11

婴孩式

动作方法　见图3-2-12

（1）身体俯卧，两手放在肩部正下方，与肩同宽，手掌朝下，臂肘朝内，两膝分开，与髋关节同宽；

（2）吸气，手臂伸直，上体抬起；

（3）呼气，背部形成圆形，头部放下，腹部叠起，臀部坐向脚跟。

技术要点

（1）保持手肘伸直，肩胛骨内收，注意力量放在上背部；

（2）上臂尽量与地面贴合。

错误纠正

练习时易出现手臂向外展开等问题。因此，两臂应与肩同宽，否则训练效果不够明显。

伤害预防

为减少对上臂肌肉的拉伤，伸直手臂时应依个人能力做到最大限度。

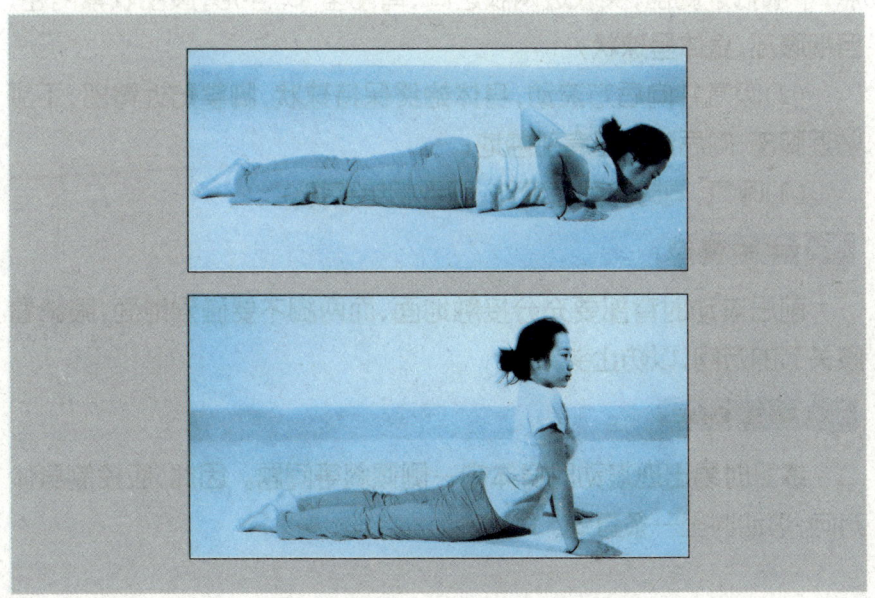

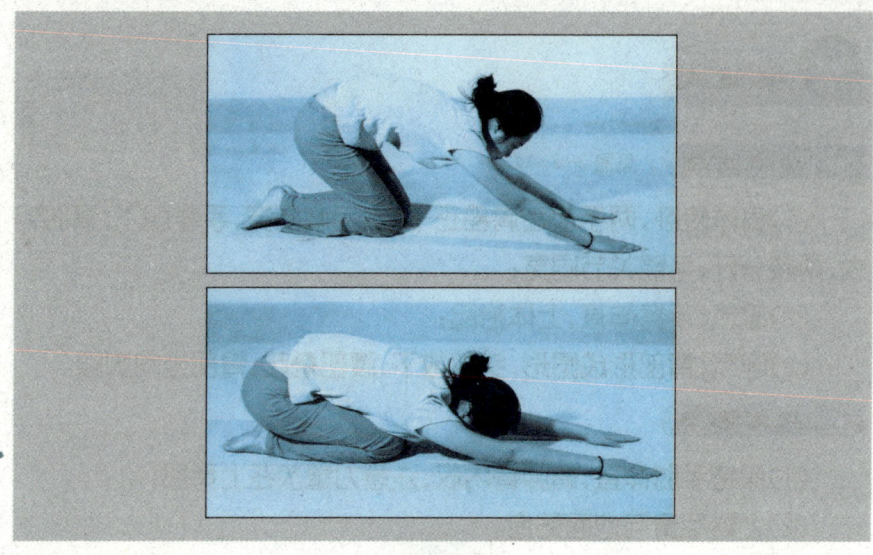

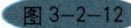

图 3-2-12

 滚 动 式

🏵 **动作方法** 见图 3-2-13

（1）仰坐，两膝略打开，屈膝团身，抱住小腿，在尾骨后方找到平衡点，下颌抵近胸前，头收进两膝之间，背部呈"C"字形，腹部收紧内屈，目视腹部，身体呈球状；

（2）吸气并向后方滚动，身体始终保持球状，脚掌贴近臀部，下颌贴近胸部，向后滚动至肩部触地；

（3）呼气，同时向前方滚动，回到初始姿势。

🏵 **技术要点**

前后滚动时背部要充分接触地面，而两脚不要碰到地面，眼睛看膝关节的方向，以防止头晕。

🏵 **错误纠正**

练习时易出现滚动时身体向一侧倾斜等问题。因此，应控制身体方向，滚动时呈一条直线。

❋ 伤害预防

为减少对颈部的伤害,滚动时动作不要过猛。

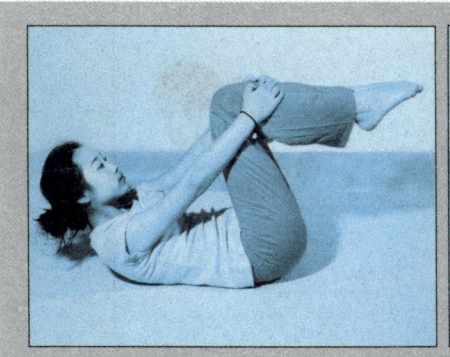

图 3-2-13

▼ 天鹅翘首式

❋ 动作方法 见图 3-2-14

（1）身体俯卧,脸朝下,两臂屈肘放于体侧,两腿打开与骨盆同宽,绷紧下背部与臀部,肚脐收紧;

（2）吸气,运用上背部的力量将胸部提起离开地面;

（3）两臂撑开,维持轴心的凝聚力,将身体提起呈弧形;

（4）呼气,将躯干下降,回到初始动作,重复进行。

❋ 技术要点

利用手臂力量支撑上身并尽量后展,拉动胸部和背部肌肉,修饰线条。

❋ 错误纠正

练习时易出现大腿离开地面等问题。因此,应始终保持腿部紧贴地面,拉伸胸部和背部肌肉。

❋ 伤害预防

为减少对脚腕部的伤害,做动作（3）时应将两脚略向外展。

基
本
技
术

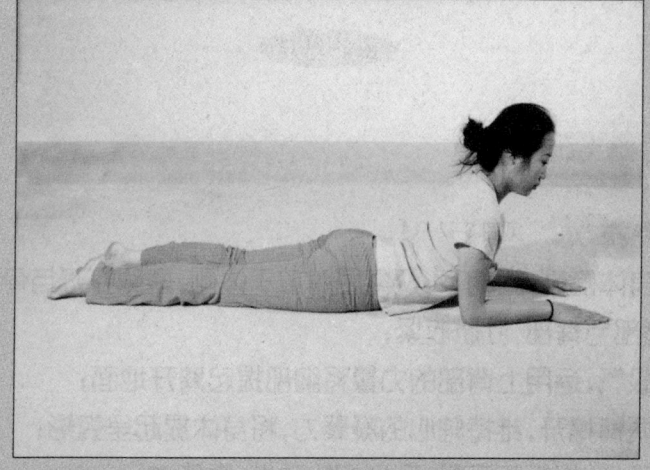

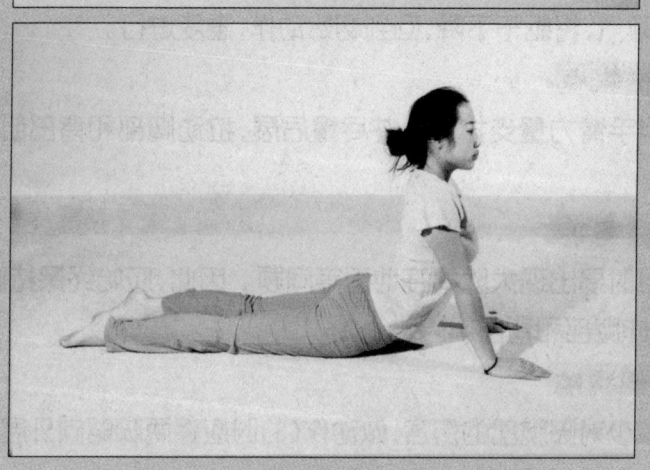

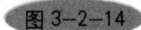

图 3—2—14

背部旋转伸展

🌸 **动作方法** 见图3—2—15

（1）身体俯卧，两手放于前额下方，两脚分开与髋关节同宽；

（2）收缩腹部，抬起头部，肩膀和胸部离开地面，向右侧转动上体，背部朝向中心；

（3）换左侧重新开始做，两侧交替进行，每侧做6次。

🌸 **技术要点**

上身向两侧旋转时，动作幅度要大。

🌸 **错误纠正**

旋转过程中易出现只用肘部支撑等问题。因此，应使整个上臂贴近地面，起到支撑作用。

🌸 **伤害预防**

为减少对肩背部的伤害，应保持肩部始终放松。

动作练习

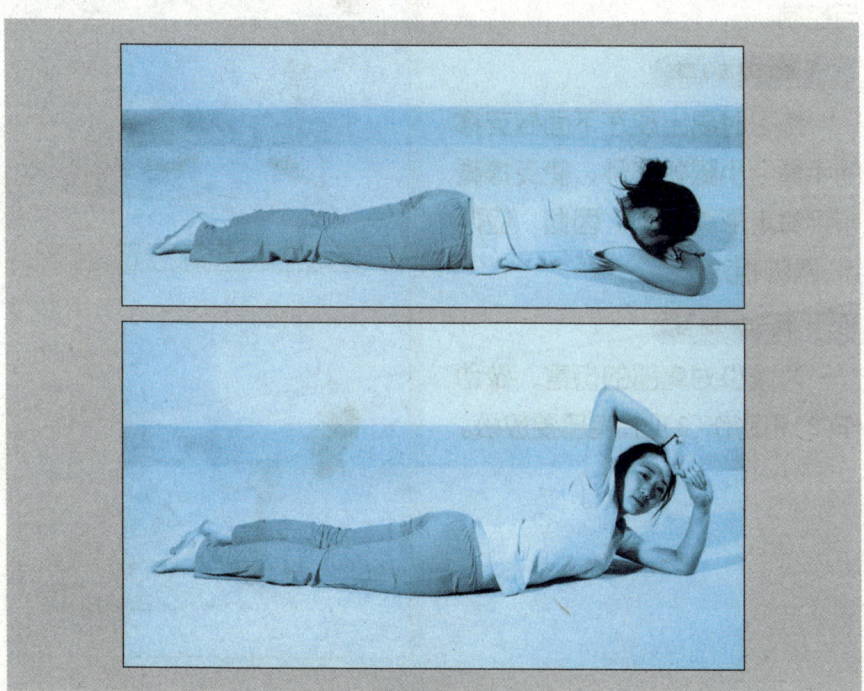

图3—2—15

驼式伸展

动作方法 见图3-2-16

（1）坐在脚跟上，两手前伸，额头置于两臂之间，身体后拉；

（2）拉起躯干，两臂从头顶绕过，向后支撑身体，指尖向前；

（3）吸气，将臀部向上提，做出反向伏地挺身的姿势，直视上方，绷紧臀部；

（4）呼气，回到动作（2），再回到动作（1），重复进行。

技术要点

练习时注意腰部力量的掌握与控制。

错误纠正

练习时易出现在下面做支撑的手臂与小腿朝向外，使支撑腿与手臂走形等问题。因此，应两手、两脚相对。

伤害预防

为减少对肩部的伤害，做动作（2）和动作（3）时，肩部要放松。

图3-2-16

 **脊柱伸展**

动作方法　见图 3-2-17

（1）直角坐，上体直立，头顶尽量向上，两手放于大腿上；

（2）头部向地面方向放松下垂，带动颈部后方肌肉伸展，顺着头部动作，继续将脊柱一节一节向地面方向蜷下，伸展背部肌肉，在身体前弯的位置上略作停留；

（3）腹部收紧并牵引身体，用脊柱的弯曲力量带动身体慢慢回到直立的位置。

技术要点

腰部下压，颈部保持紧张。

错误纠正

伸拉脊柱时易出现两脚向外扩，或脚尖向前等问题。因此，脚尖应回绷，脚掌与地面呈 90 度角。

伤害预防

为减少对肌肉的拉伤，腿部应保持松弛状态。

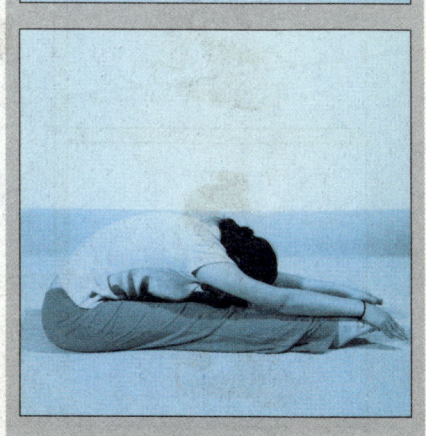

图 3-2-17

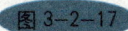

上半背伸展

🎴 动作方法　见图3-2-18

（1）身体呈坐姿，背部直立，两腿弯曲并拢，脚掌贴紧地面，两手抱住大腿后方，身体重心位于坐骨上；

（2）呼气，腹部收缩，带动身体向后收，直到手臂伸直，脊椎弯曲成圆弧形；

（3）吸气，身体向前，带回肩膀与骨盆垂直的位置。

🎴 技术要点

肩部下压，腹部内收，腿部与手臂保持放松，尽量由腹部肌肉收缩，带动身体向前方移动。

🎴 错误纠正

练习时易出现端肩等问题。因此，应尽量使肩部下压。

🎴 伤害预防

为减少对颈部的伤害，应保持颈部张弛有度。

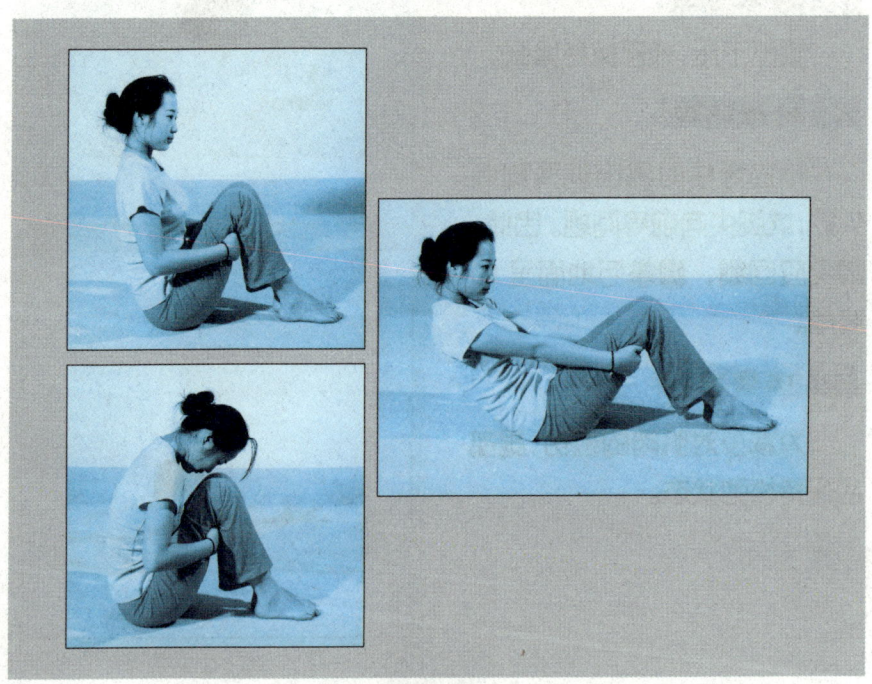

图 3-2-18

 **背部伸展**

见图 3-2-19

动作方法

（1）身体俯卧，两臂放于身体两侧，手心朝上，两腿伸直放松，头部与脊椎呈一直线，颈部拉长，腹部紧贴地面；

（2）呼气，上体与肩部提起离地，头部与脊椎在一条直线上；

（3）吸气，保持此动作，呼气，回到地面。

技术要点

手臂尽量向脚趾方向伸展，带动肩部下压，伸展后颈部。

错误纠正

练习动作（2）时易出现头部过度上扬或下垂等问题。因此，应保持下颌略内收。

伤害预防

为减少对颈部和肩部的伤害，应使头部与脊椎在同一直线上。

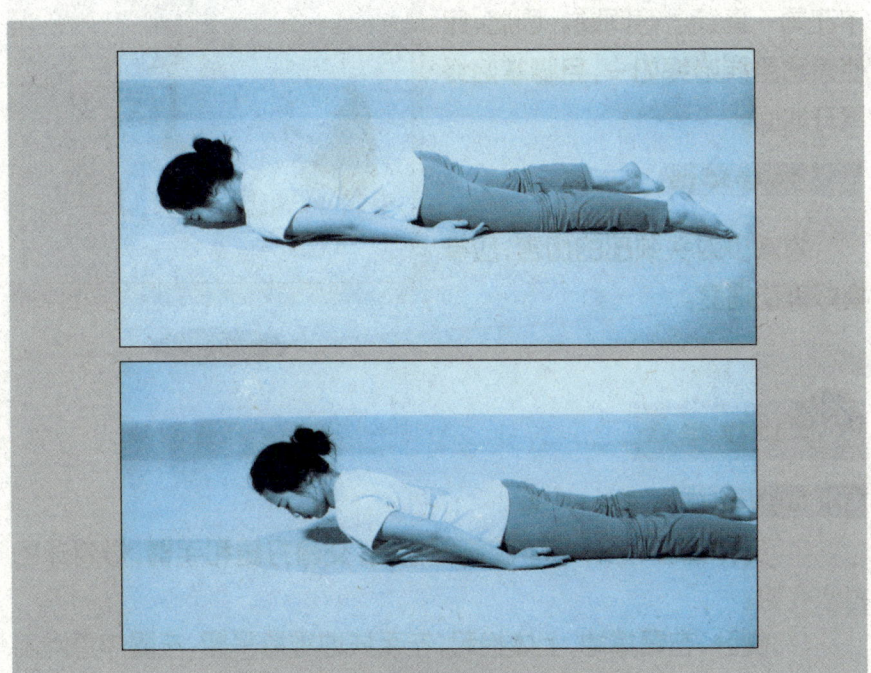

图 3-2-19

动作练习

 海狮滚动

🌀 **动作方法** 见图3—2—20

（1）身体呈坐姿，手臂穿过小腿下侧，用手掌握住脚踝，躯干保持平衡，脚离开地面，低头；

（2）吸气时身体向后方滚动，呼气时身体向前方滚动回到原位。

🌀 **技术要点**

向前后方滚动时背部要充分接触地面，两脚不要碰到地面。

🌀 **错误纠正**

练习时易出现身体来回滚动，不在同一直线上等问题。因此，应使滚动路线始终如一，且脚掌始终离开地面。

🌀 **伤害预防**

为减少对头颈部的伤害，应掌握好滚动幅度。

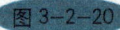
图3—2—20

 动作组合

🌀 **动作方法** 见图3—2—21

（1）身体俯卧，上体与下肢同时抬高，交替打腿和手臂，像游泳的打水姿势；

（2）侧卧，右臂撑地，上体抬起，左手扶地维持平衡，左腿伸直向前上方踢，臀部保持不动；

（3）仰卧，两臂在肩部下方将身体撑起，手掌触地，指尖向前，髋部向上顶,身体保持挺直。

✿ 技术要点

保持身体的协调性与肌肉力量。

✿ 错误纠正

练习动作(1)时易出现手臂与两腿向两侧用力等问题。因此,应保持两手与两腿向相对方向拉伸。

✿ 伤害预防

为减小对肩部和两臂的伤害,做动作(3)时应两脚用力扒住地面,保持身体平衡。

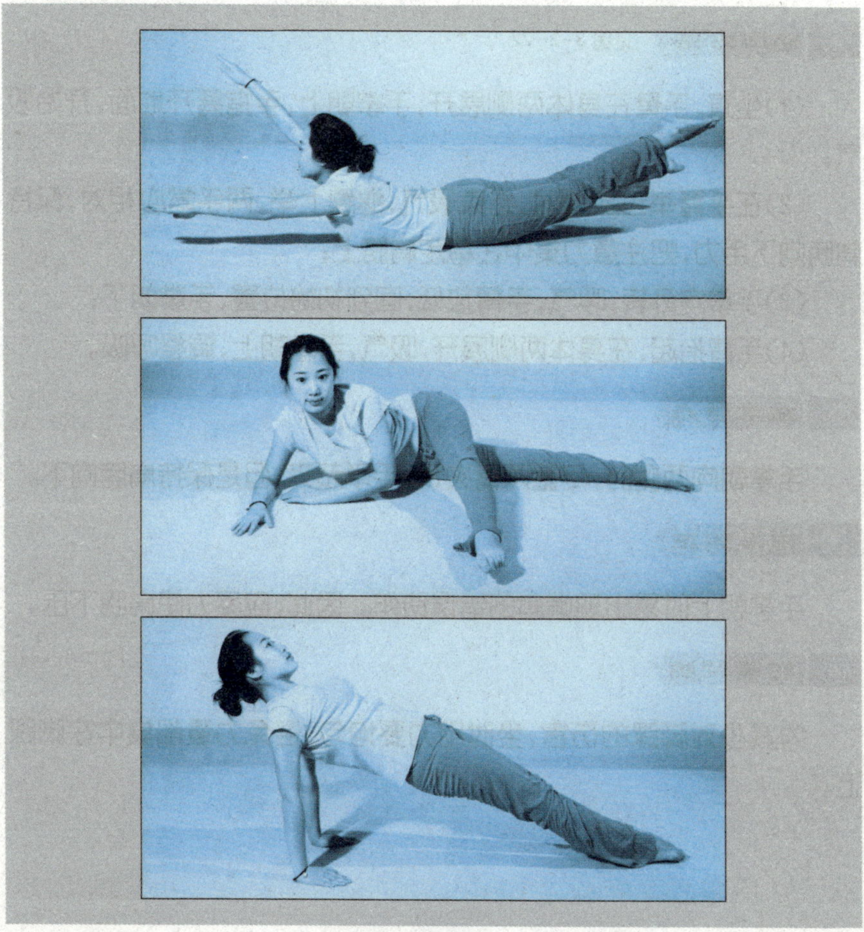

图3-2-21

动作练习

现代社会,人们做事逐渐趋于机械化和自动化,所以手臂很少会得到相应锻炼,针对这个情况,可以通过普拉提的手臂动作练习来锻炼手臂肌肉。手臂动作练习包括臂上举式、伏地挺身式和平板式等。

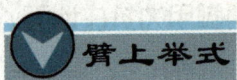

🔆 动作方法　见图 3-2-22

(1)坐直,手臂在身体两侧展开,手掌朝上,手指离开地面,开始吸气;

(2)在手臂举过头顶时,结束吸气,继续上举,两手掌心相对,保持肩膀向下用力,把注意力集中在稳定肩膀上;

(3)手掌向外转,呼气,手臂放低,回到初始位置,手掌朝下;

(4)手臂抬起,在身体两侧展开,吸气,手掌朝上,调整呼吸。

🔆 技术要点

手掌朝向两侧时,尽量两臂夹耳,手举起来,但是保持肩膀向下。

🔆 错误纠正

手掌朝上时易出现端肩的错误动作。因此,应尽力使肩膀下压。

🔆 伤害预防

为减少对脚踝的伤害,坐时用力要均匀,避免力量都集中在脚踝上。

图 3-2-22

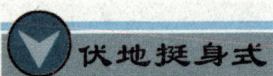
伏地挺身式

动作方法　见图3-2-23

（1）身体向上拉高站直，手臂放松于身体两侧；

（2）呼气，头向地面方向放松，带动身体向下弯曲，手臂触碰地面；

（3）手掌沿着地面向前爬行，直到身体呈伏地挺身的姿势，全身从头到脚保持一条直线；

（4）手臂弯曲，肘部夹紧于腰部两侧；

（5）手臂伸直，将身体推离地面，臀部向天花板方向抬高，手臂沿着地面向脚趾方向爬回，身体随之还原至动作（1）。

技术要点

（1）如果两手间距略宽于肩，偏重于锻炼手臂、肩部肌肉的力量；

（2）如果两手间距略窄于肩膀，则偏重于锻炼胸部肌肉和背部肌肉；

（3）要保证手臂、背部、腿部在同一条直线上，腹部肌肉收紧，控制脊背的力量，让身体平衡稳定。

错误纠正

练习时易出现臀部上抬过高，膝盖打弯等问题。因此，应保持与腿和脊背在一条直线上，腿要始终伸直。

伤害预防

为减少对肩部的伤害，应视个人情况量力而行，先将臂力练好。

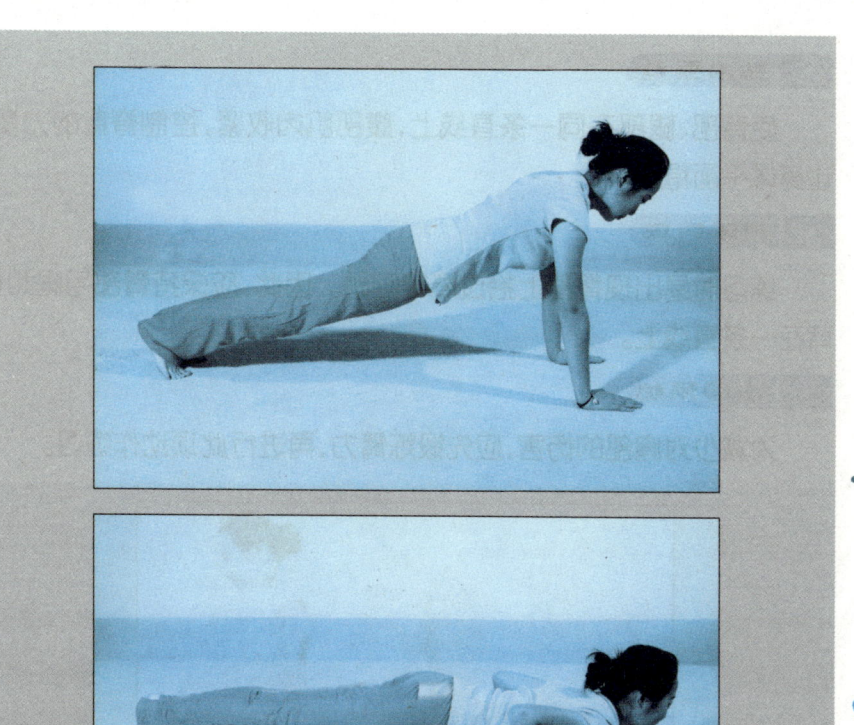

图 3-2-23

平板式

![动作方法] **动作方法** 见图 3-2-24

　　(1)两膝跪在地上,与骨盆同宽,两手贴地,与肩同宽;

　　(2)右脚向后延展,脚趾点地;

　　(3)左脚向后延展,脚趾点地,身体呈一条直线,腹部向里收,保持呼吸,停留 10～20 秒。

※ **技术要点**

使背部、腿部在同一条直线上,腹部肌肉收紧,控制脊背的力量,让身体平衡稳定。

※ **错误纠正**

练习时易出现臀部上抬过高等问题。因此,应保持臀部与腿和脊背在一条直线上。

※ **伤害预防**

为减少对肩部的伤害,应先锻炼臂力,再进行此项动作练习。

图 3—2—24

颈椎病如今已成为现代社会中较为严重的文明病之一,预防颈椎病要从青年抓起。练习颈部动作对缓解颈椎痛具有较好的作用,包括颈部前后伸拉、颈部伸展式、颈部收缩式、肩颈共动式、拉颈运动、眼镜蛇式、脊椎旋转和脊椎延伸等。

 颈部前后伸拉

动作方法　见图 3-2-25

(1)仰面躺下,脊椎处于中立位置,膝关节弯曲,两脚平放于地面,两臂放在身体两侧,手掌朝下;

(2)吸气,下颌折起,压向胸部,尽量拉长颈部;

(3)呼气,放松,回到中立位置;

(4)吸气,弓起颈部,眼睛反向看身后,呼气,回到中立位置,慢慢做 4 次重复动作,然后快速做 8 次重复动作。

技术要点

颈部的放松与紧张应相互交替。

错误纠正

练习时易出现胸部随颈部同时抬起等问题。因此,应保证除颈部外的其他身体部位不要做过多动作,始终紧贴地面。

伤害预防

为减少对颈椎骨的伤害,做前后拉伸动作时下颌抵住两锁骨中心即可,避免过度弓起颈部。

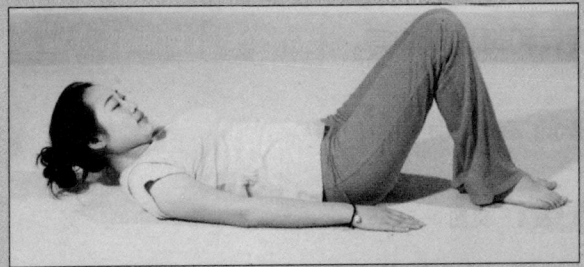

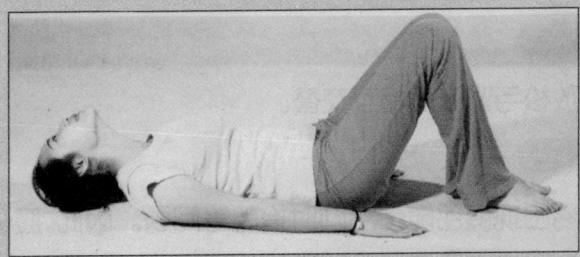

图 3-2-25

颈部伸展式

动作方法　见图 3-2-26

（1）身体呈坐姿，上体直立，脊椎保持自然弯曲弧度；

（2）头轻轻向右后方转，保持此姿势约 20 秒，伸展时配合深呼吸；

（3）慢慢转回直立位置，鼻尖朝前；

（4）反方向再做一次相同动作。

技术要点

尽量使颈部以下的身体保持不动，最大限度地锻炼颈部。

错误纠正

练习时易出现使臀部抬离椅子等问题。因此，应保持下身不动。

伤害预防

为减少对颈部的伤害，应保持颈部放松状态。

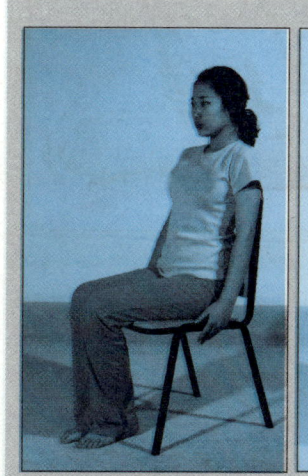

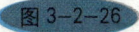
图 3-2-26

 颈部收缩式

❁ **动作方法** 见图3-2-27

（1）盘腿放松坐，腰背自然直立，两手置于膝盖；

（2）深吸气，将两肩向上耸起，颈部下缩，感觉到露出锁骨，保持此姿势5秒；

（3）呼气，缓缓将肩膀下沉，挺直颈部。

❁ **技术要点**

尽量使颈部以下的身体保持不动，最大限度地锻炼颈部。

❁ **错误纠正**

练习时易出现把缩颈当做端肩等问题。因此，应尽量将颈部向下缩进，而不要将肩膀抬起。

❁ **伤害预防**

为减少对脚踝的伤害，应呈散盘坐。

图3-2-27

 肩颈共动式

❁ **动作方法** 见图3-2-28

（1）找一把靠背椅坐好，两腿并拢，脚尖着地，吸气，两手向后握住椅背，呼气，胸、腰、腹尽量向前推，保持自然呼吸10～15秒；

（2）两手向后相握，两肩打开尽量向后，头向后仰，胸部向前推，感觉到肩部肌肉向后拉；

（3）吸气，俯身向下，呼气，气息向下，用胸腹去贴紧大腿，手臂尽量向上提，保持自然呼吸；

（4）两手沿着身体向下放松，头向下沉。

✿ 技术要点

注重腰部的柔韧性。

✿ 错误纠正

练习时易出现脚掌踏地等问题。因此，应注意整套动作两脚都是脚尖触地。

✿ 伤害预防

为减少对肩部的伤害，做动作（2）时应注意肩部肌肉的运用与放松。

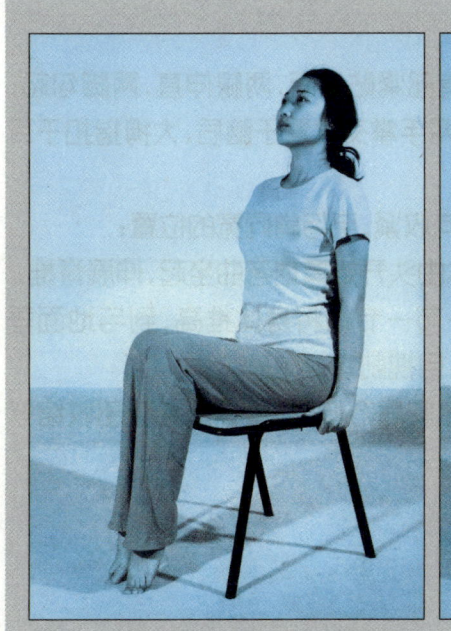
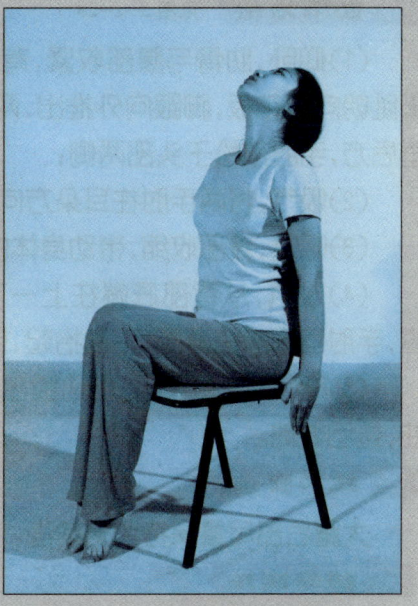

图 3-2-28

 拉颈运动

✳ **动作方法** 见图 3-2-29

（1）仰卧，肋骨与腹部收紧，背部紧贴地面，两腿伸直，两脚勾起，脚趾朝向天花板，脚跟向外推出，两手掌交叉置于脑后，大拇指扣于耳垂后方，手肘放松于头部两侧；

（2）吸气，将两手肘往耳朵方向收紧，至与肩同宽的位置；

（3）呼气，腹部收缩，带动身体由头开始离地弯曲坐起，伸展脊椎；

（4）吸气，从背部底端往上一节一节地将身体推高，到与地面垂直，手肘回到肩膀两侧，下巴抬起，目视前方；

（5）呼气，腹部收缩，带动腰部向后方伸展，脊椎随着腹部收缩弯曲，蜷回着地。

✳ **技术要点**

大腿后部尽量保持紧贴地面。

✳ **错误纠正**

练习时易出现绷脚尖等问题。因此，应多做勾脚练习，体会动作要领。

伤害预防

为减少对大腿肌肉的拉伤，大腿后部着地应因人而异，不可勉强。

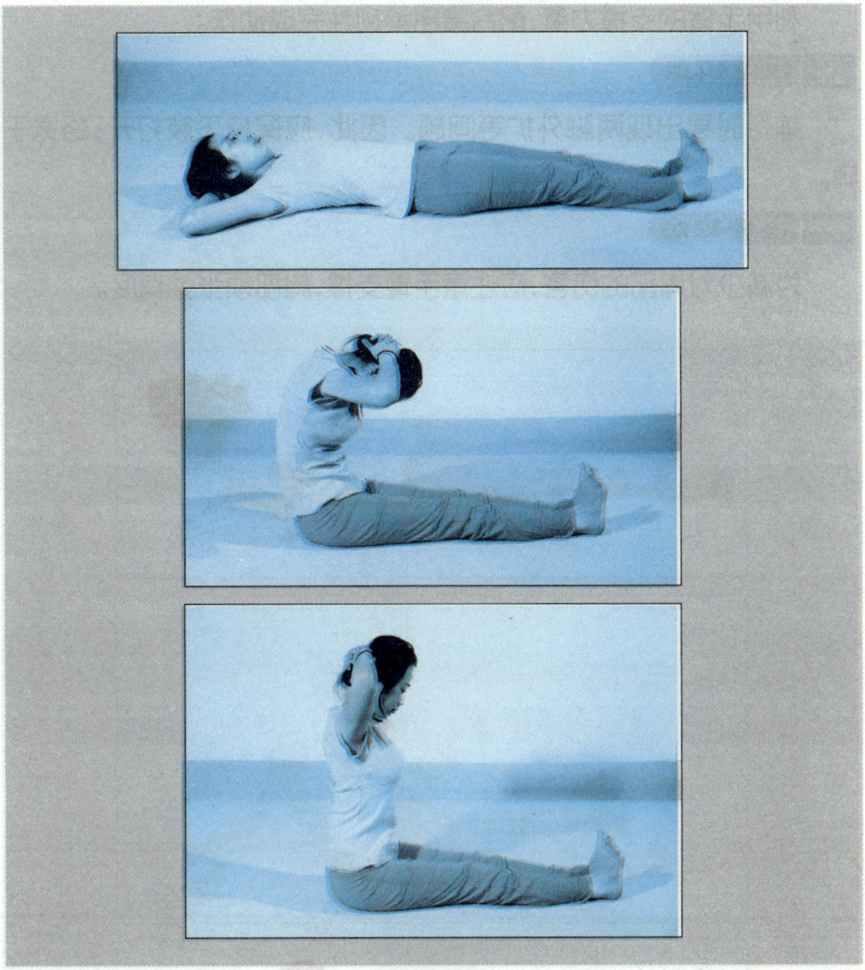

图 3-2-29

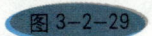

眼镜蛇式

动作方法

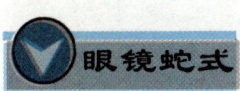

见图 3-2-30

(1)俯卧，两手撑于胸部两侧，身体伸直；

(2)吸气，撑起上身，头部尽量后仰，感觉后脑即将贴合脊柱，目视天花板，保持此姿势 5 秒，自然吸气；

(3)头部回到自然位置，慢慢转向一侧，目视脚跟；

（4）头部回到自然位置，慢慢转向另一侧，目视脚跟。

技术要点

利用手臂的支撑力量，配合腰部柔韧性完成动作。

错误纠正

练习时易出现两脚外扩等问题。因此，应保持下肢打开，略宽于肩。

伤害预防

为减少对肩部的伤害，应注意手臂支撑，肩部须张弛有度。

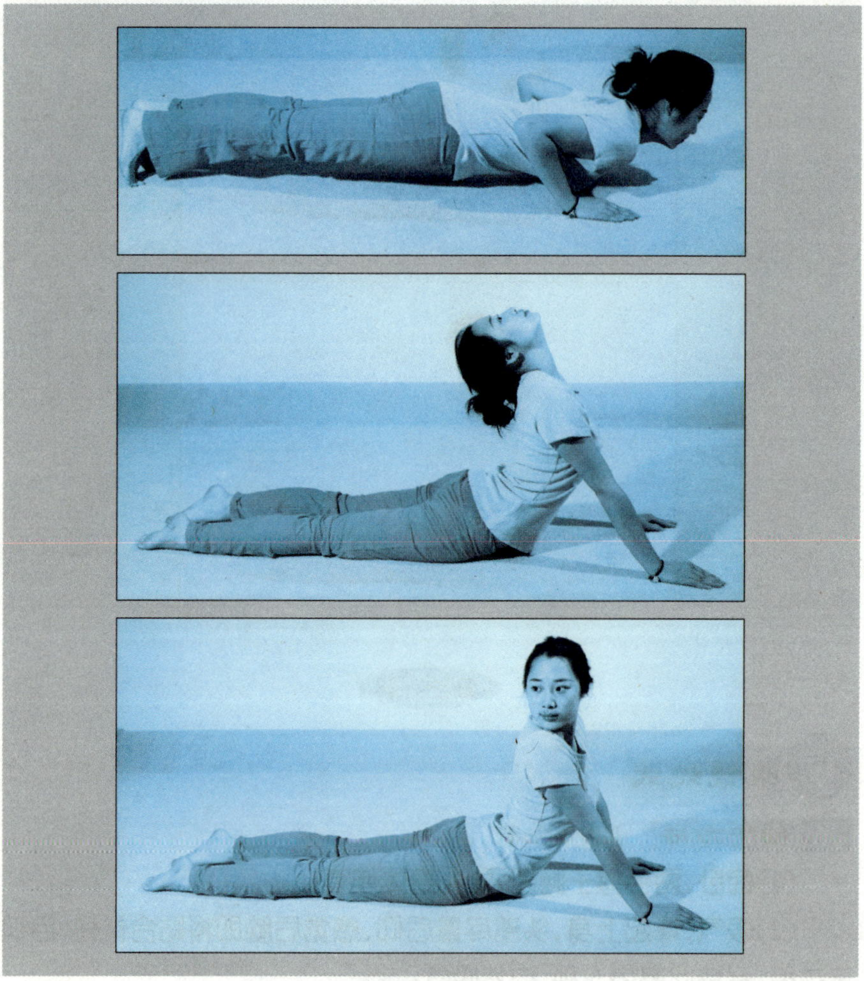

图 3-2-30

脊椎旋转

动作方法   见图3-2-31

（1）身体呈坐姿，保持背部挺直，手臂在体侧打开，掌心向下，两腿分开与肩同宽，勾脚，两腿不要完全伸直；

（2）呼气（1次）时，身体转向一边，吸气时回到中心的位置；

（3）呼气（2次）时，身体转向另一边，吸气回到中心位置。

技术要点

感觉腹部力量在用力，用腹部的力量使身体转动。

错误纠正

转身时易出现过分转体等问题。因此，应控制好身体，使之偏离中心线30度左右即可。

伤害预防

为减少对脊柱的伤害，应保证身体的转过角度不要过大。

图3-2-31

 脊椎延伸

动作方法　见图3-2-32

（1）身体呈坐姿，背部直立，两手放松置于大腿上方，两腿伸直，平放于身体前方，分开呈"V"字形，两脚间距离与骨盆同宽，脚尖绷直；

（2）呼气，头轻轻向地板方向放松下垂，下巴向胸口方向收紧，带动颈部后方肌肉伸展，顺着头部动作，继续将脊椎一节一节分段往地面方向蜷下，延伸背部肌肉，两手沿着大腿前侧向前移动伸展；

（3）在身体前弯的位置上，吸气略作停留，骨盆下方坐骨仍然紧贴地面；

（4）呼气，腹部收缩牵引身体，脊椎尾端慢慢蜷回背部直立的位置。

技术要点

整套动作速度要缓慢。

错误纠正

练习时易出现两腿并拢等问题。因此，应始终保持两腿分开，呈"V"字形。

伤害预防

为减少对脚踝的伤害，脚尖应始终朝前，不得外展。

图3-2-32

腿部动作练习

适当的腿部锻炼可以使腿部变得紧实、修长。腿部动作练习包括踢腿运动、齐腿朝天、单脚环绕式、单腿伸展、两腿伸展、两腿伸拉、大弓步、单腿踢等。

 踢腿运动

动作方法　见图 3-2-33

（1）左侧身体躺下，两腿伸直并紧，使身体在同一条直线上；

（2）用左臂肘和前臂支撑住身体，肋骨抬离地面，右手轻轻地放在身前地面上以保持平衡；

（3）抬起右腿，与髋关节同宽，脚弯曲，脚趾朝向前方；

（4）踢腿时呼气，右腿尽量向前踢，同时数着"踢，踢"；

（5）吸气，伸直脚趾，右腿摆回来；

（6）连续做 6 次，然后换另外一侧做。

技术要点

肩膀放松，上体不要松懈。

错误纠正

练习时易出现一侧的腿向前踢时，另一侧腿也跟着向前等问题。因此，应始终保持两腿呈直角。

伤害预防

为减少对腰部的伤害，手臂支撑要做到位。

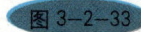

图 3-2-33

齐腿朝天

动作方法　见图 3-2-34

（1）仰卧，两手置于脑后，两手掌交叠，但不要交叉手指，向天花板伸直举高两腿，两脚、大腿并拢夹紧；

（2）从地面上提起头和肩，做"仰升上体"，吸气，并缓慢地降下两腿，当感觉下背即将提离地面时立刻停下来；

（3）呼气，带起两腿还原至动作（1）。

保持臀部平稳,髋关节不动。

练习时易出现整个臀部抬离地面等问题。因此,应保持臀部以上身体部位不动。

为减少对颈部的伤害,背部不应离开地面。

图 3-2-34

 单脚环绕式

🌀 动作方法 见图 3-2-35

(1)仰卧,两臂自然放在身体两侧,膝盖弯曲,两脚平放在地上;

(2)把右腿伸直朝向天花板,脚部紧绷,呼气,然后收缩腹部;

(3)慢慢地逆时针方向转动右腿,保持臀部不动,腿向外转动时吸气,向内转动时呼气;

(4)顺时针方向做 6 次,然后逆时针方向做 6 次,随后换左腿做。

✿ 技术要点

腿绕环幅度不要太大,保持臀部平稳,髋关节不动。

✿ 错误纠正

练习时易出现整个臀部抬离地面等问题。因此,应保持臀部以上身体部位不动。

✿ 伤害预防

为减少对大腿内侧肌肉的伤害,腿绕环幅度不应太大。

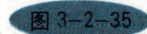

图 3-2-35

 单腿伸展

动作方法　见图 3–2–36

（1）仰卧，屈膝，大腿和小腿呈 90 度角，大腿垂直于地面，胸部抬起，肩膀离开地面，两手交叉抱膝；

（2）呼气时向 45 度伸出一侧腿，停留时吸气；

（3）呼气换另一条腿，停留时吸气。

技术要点

收紧腹部，头部不要紧张，腿要伸直。

错误纠正

练习时易出现手臂过于用力，使动作走形等问题。因此，应控制两手，不要用力。

伤害预防

为减少对头颈部肌肉的拉伤，应保持头部放松。

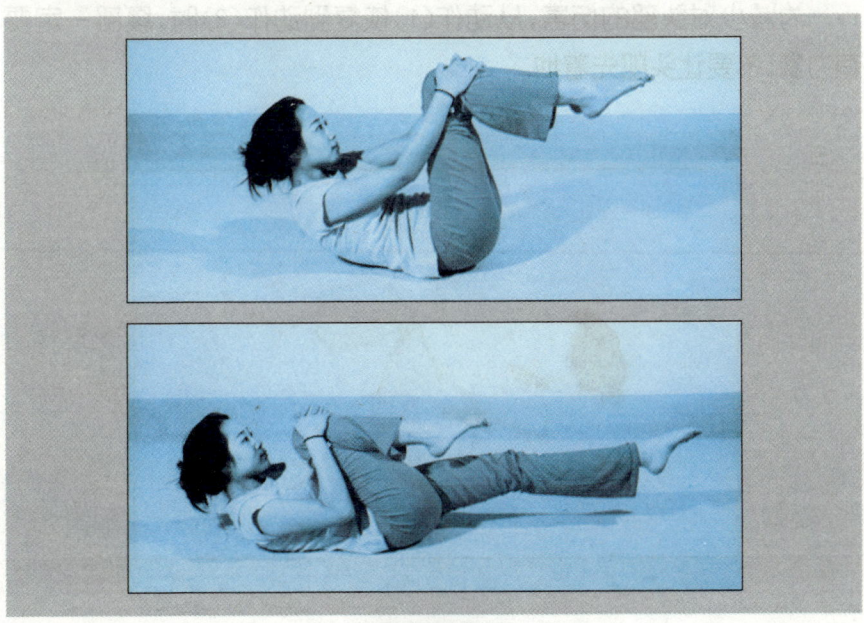

图 3–2–36

▼ 两腿伸展

❀ 动作方法 见图3-2-37

（1）仰卧，将两腿拉向胸部，两手自然放在膝盖上，用腹部力量抬起肩膀离开地面，同时呼气；

（2）吸气，然后把身体伸展开来，手掌朝上，举过头顶，两腿伸直，抬离地面，保持此姿势1秒；

（3）吸气，然后把膝盖收回来，同时把两臂转向两腿，然后再伸展，重复做5～8次。

❀ 技术要点

充分利用腹部力量。

❀ 错误纠正

做动作（1）时易出现不是背部同一个地方接触地面等问题。因此，应运用腹部肌肉固定姿势。

❀ 伤害预防

为减少对头部的伤害，从动作（1）恢复到动作（2）时，腹部一定要有力量，不要让头部先着地。

图 3-2-37

 两腿伸拉

 **动作方法**　　见图 3-2-38

（1）身体平躺，两臂放于体侧，一腿上举，另一腿伸直或弯曲放于地面，腹部收紧，腰背部紧贴地面，吸气时上腿画圈，呼气时回到起点停住，一个方向做 4～6 次，然后换方向再做 4～6 次；

（2）单腿伸展，上体抬起，肩膀离地，左腿伸直，右腿弯曲，右腿外侧手抱住脚踝，内侧手抱膝，呼吸 1 次交换腿，重复上述动作，左右两侧各交换 8～10 次。

技术要点

充分利用腹部力量，配合腿部伸拉。

错误纠正

做动作（2）时易出现不是背部同一个地方接触地面等问题。因此，应运用腹部肌肉使身体定住。

伤害预防

为减少对头部的伤害，做动作（2）时，腹部一定要有力量，不要让头部先着地。

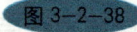

图 3-2-38

 大弓步

🌸 **动作方法** 见图 3-2-39

（1）左腿在前，膝盖弯曲呈 90 度角，两手在左脚两侧撑地，上体与右腿呈一延长线，胯部下压；

（2）换右腿做相同动作。

🌸 **技术要点**

保持背部挺直、紧腹、臀部向前收。

🌸 **错误纠正**

练习时易出现重心转换错误等问题。因此，应注意重心的转换与向前迈的腿保持一致。

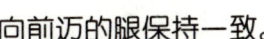

为减少对腿部肌肉及膝盖的伤害,向前跨步应在自己身体可控制的范围内,膝盖分开程度不能超过脚尖。

图 3-2-39

 单腿踢

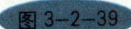 动作方法 见图 3-2-40

(1)俯卧,两手手指交叉相握,前臂贴紧地面,肘部支撑在肩的正下方,抬起上身,两腿并拢伸直,感觉臀部收紧;

(2)呼气,左腿伸直,右腿小腿抬离地面;

(3)保持抬高的姿势,吸气,右脚踢向右臀一下;

(4)呼气,左脚踢向左臀一下,左、右脚反复踢 6~8 次。

✿ 技术要点

(1)头和颈、背部要保持在一条直线上,不要后仰,收腹;

(2)踢脚时,另一条腿保持伸直状态。

✿ 错误纠正

练习时易出现耸肩、弓背等问题。因此,应使头、颈、背保持在一条直线上。

为减少对肘部的伤害,应均匀用力支撑。

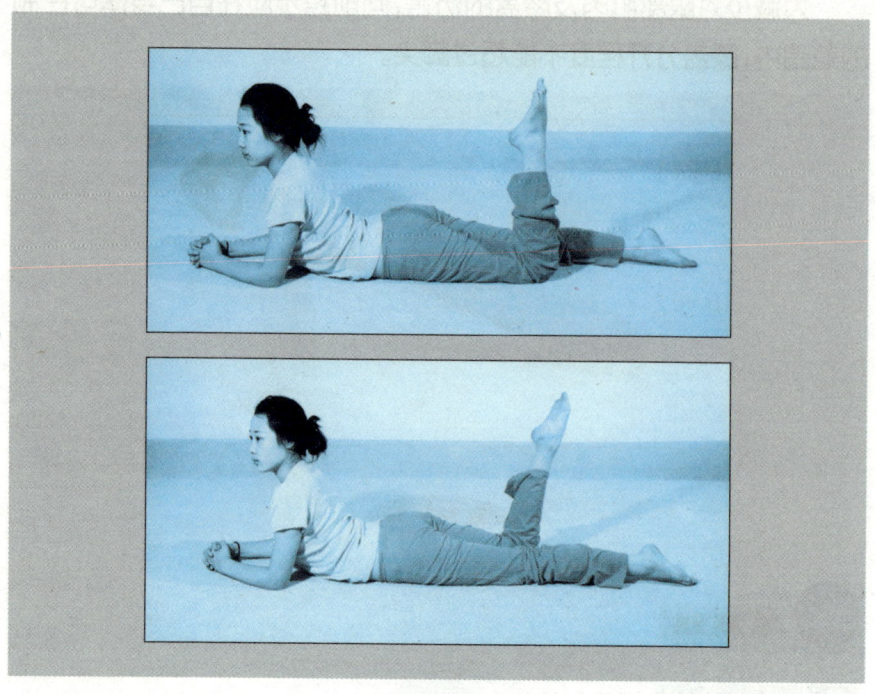

图3-2-40

随着生活质量的提高,发胖群体的数量逐渐增加,随之而来的是各种疾病的困扰。多做些普拉提腰部运动,可以帮助减掉身上的赘肉,使人们摆脱肥胖。腰部动作练习包括体侧屈、侧踢、旋腰拉锯、"V"字坐、脊柱扭转式和美人侧展等。

★ 动作方法　见图3-2-41

(1)用臀部右侧坐在地上,右腿在身体前面弯曲,右脚平放在地上，右手放在地上以支撑身体，左腿体侧弯曲，左膝盖朝向天花板方向，左脚脚尖点地，左臂放松，放在左膝盖上；

（2）收缩腹部，把身体压向右手，抬起臀部离开地面，在用右膝盖支撑住地面时，伸直左腿，把左臂举过头顶，使左手指和左脚趾在同一条直线上，保持 10～30 秒，回到初始位置，然后换另一侧做。

✿ 技术要点

腹部收缩内屈，利用轴心力量区肌肉，特别是腹斜肌，来控制本练习的力量。

✿ 错误纠正

做动作（2）时易出现挺腹或弓腰等问题。因此，应保持身体各部位在一条直线上。

✿ 伤害预防

为减少对手臂的伤害，腿部力量应运用到位。

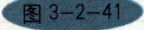
图 3-2-41

侧踢

动作方法 见图3-2-42

（1）采取高跪的姿势，将右手垂直于肩膀下支撑在地面，左手放在额头位置，抬起左腿并尽量伸直，与地面平行；

（2）吸气，将左腿向前伸，达到最高点时轻点两下；

（3）伸腿时注意肩膀在手臂正上方，臀部在膝盖正上方，不能让肋骨突出或让地面上的脚改变位置；

（4）呼气，将右腿伸向后方，臀部被压缩向前，到达最后时轻点两下，注意腹部和肋骨不要鼓起；

（5）重复上述动作3次，再恢复到动作（1）结束。

技术要点

调动全身肌肉共同配合，完成动作。

错误纠正

练习时易出现抬起一侧的腿不与地面水平等问题。因此，应注意规范动作，体会动作要领。

伤害预防

为减少对手臂的伤害，腿部力量应运用到位。

图 3-2-42

旋腰拉锯

动作方法 见图 3-2-43

（1）90 度角直坐，保持上体的伸展、稳固，腰部有意识地收紧上提，两臂侧伸展，齐肩，两脚趾指向天花板（勾脚）；

（2）吸气，保持上体向上伸展，同时从腰部开始进行侧扭转，保持腰部以下仍然稳固地坐在地上；

（3）呼气，从腿的上方，向脚尖伸展手臂，注意上提并收缩肋骨和腹部，向后伸展的手臂要保持展开。

技术要点

（1）拧转身体时要收紧髋部，臀部不要提起离开地面；

（2）整个练习中两臂要始终保持打开伸展；

（3）力量和感觉集中在身体的中心，将肋骨和腹部向脊柱的方向内收，提高身体的重心。

错误纠正

练习时易出现两腿并拢等问题。因此，应保持两腿打开，始终与肩同宽。

伤害预防

为减少对胸肌和腰部的伤害，做动作（3）时腰部应略下压。

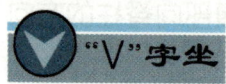

图 3-2-43

"V"字坐

🌸 **动作方法**　见图 3-2-44

（1）90 度直坐，上体向上直立，头顶尽量向上，两手扶住大腿；

（2）脊柱向上伸直，背部用力收紧，腿部弯曲并离开地面，两手滑过小腿至踝关节；

（3）两手握住踝关节，两腿伸直，上体与腿呈"V"字形，两腿开合，反复 3 次。

技术要点

臀部紧绷，以臀部为中心点开展动作。

错误纠正

抱腿时手臂易出现弯曲现象。因此，应始终伸直两臂。

伤害预防

为减少对大腿肌肉的拉伤，应依据个人能力将腿伸直。

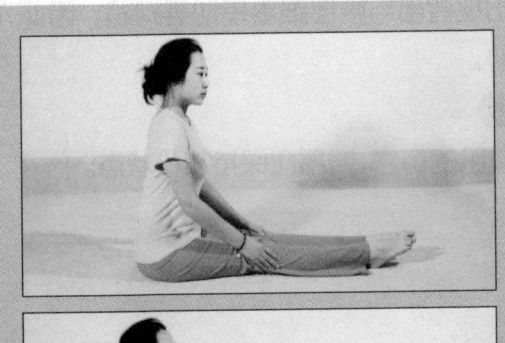

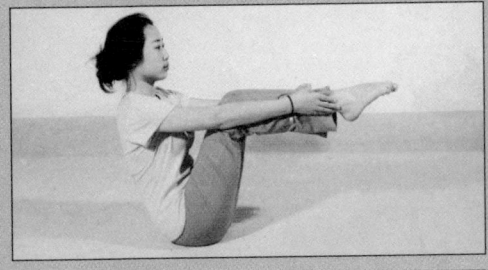

图 3-2-44

 脊柱扭转式

动作方法 见图 3-2-45

（1）身体平躺，两臂伸直，打开于身体两侧，两腿弯曲并拢；

动作练习

（2）两腿向身体左侧转，带动身体向左侧转，保持此姿势约 30 秒；

（3）恢复到动作（1），然后向右侧扭转。

技术要点

充分运用腰部力量完成动作。

错误纠正

转体时易出现背部与腰部跟着转动等问题。因此，应保持除头部外的上半身不动。

伤害预防

为减少对胸肌的伤害，胸部应保持放松状态。

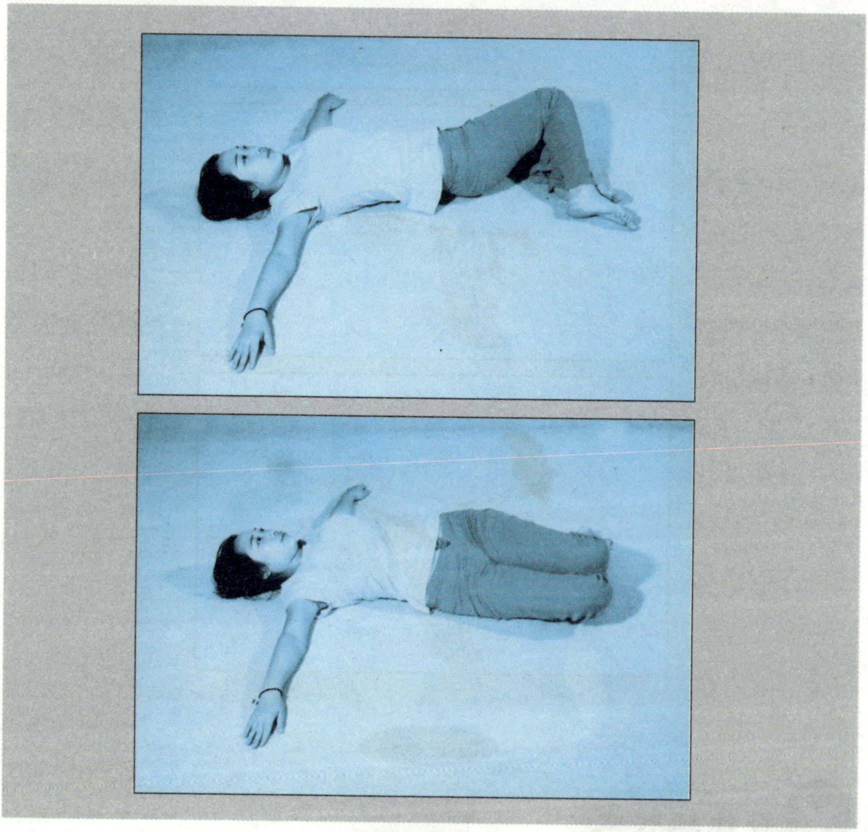

图 3—2—45

▼ 美人侧展

✿ 动作方法　　见图3-2-46

（1）左腿单腿跪撑，右腿侧撑，收腹，左臂上伸，右手臂置于右腿膝盖部，呼气，向右侧屈；

（2）右手臂向上平伸，控制2秒钟，保持单腿跪立；

（3）将右腿收回，两膝相抵，两臂相交，向上延伸，跪立，吸气；

（4）呼气，向右侧下屈腰；

（5）反方向重复以上动作。

✿ 技术要点

（1）借助腰部力量摆动躯干，禁止手臂自由摆动；

（2）吸气时，胸腔骨横向扩张，呼气时，尽量将胸腔骨下陷进身体，两边胸骨往中央移近；

（3）髋部保持不动。

✿ 错误纠正

侧伸展时易出现腰、腹部肌肉下垂，含胸等问题。因此，应保证动作过程流畅，身体感觉向上，胸部打开。

✿ 伤害预防

为减少对肩部及大腿部肌肉的伤害，应保持身体处于放松状态。

动作练习

图 3-2-46

长期保持坐姿,会使臀部肌肉很难得到锻炼,臀部运动可以弥补这一弊端。臀部动作练习包括坐姿腿侧抬、跪姿开跨、后踢腿式、两腿离地式和单腿离地式等。

 坐姿腿侧抬

动作方法 见图 3-2-47

(1)前后屈腿坐,左腿前屈膝,右腿后屈膝,大小腿夹角呈 90 度,两手在体侧,吸气,上体直立,挺胸;

(2)呼气,上体前屈,两手指尖触地,脊椎保持正常直立;

(3)右腿膝盖触地,右脚抬起,保持骨盆稳定;

(4)吸气,上体略抬,两臂伸直侧下举,右腿向侧伸直,脚尖触地;

(5)呼气,两臂侧平举,右腿向上抬起与手臂平行;

(6)吸气,两手后撑,左腿伸直向右腿靠拢,向侧上方收腿,收腰;

(7)上体略后仰,收腹,两腿从右向左摆,收腹;

(8)散盘坐,拉伸大腿外侧肌肉群,左腿大小腿叠紧,右脚在左腿外侧,左手扶右腿膝盖,右手向后撑地,上体右转;

（9）右腿前屈，左腿后屈，大小腿夹角呈 90 度，吸气，上体向上直立；

（10）反方向重复这一组动作。

⚜ **技术要点**

（1）根据柔韧能力，尽可能地将腿伸展提高；

（2）腰部始终要挺直。

⚜ **错误纠正**

练习时易出现弓腰等问题。因此，应尽量将腰背部下压。

⚜ **伤害预防**

为减少对肌肉的拉伤，应注意两腿的摆放姿势。

动作练习

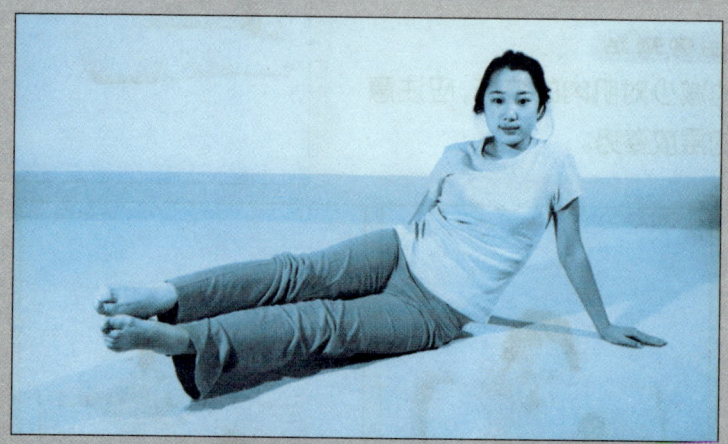

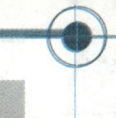

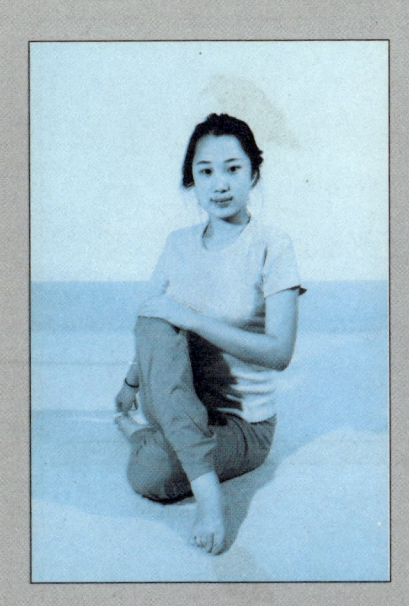

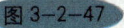

图 3-2-47

跪姿开跨

动作方法 见图 3-2-48

(1)跪撑,两臂、两腿与地面垂直,大小腿夹角呈 90 度,上体与颈部呈一条直线,与地面平行,吸气,腹部向腰椎处收紧;

(2)呼气,左腿慢慢向后抬起,上体保持不动;

(3)左腿向后伸直,左手离地,向前伸直,收腹,目视下方;

(4)右腿跪撑,吸气,左腿内收,脚尖着地,弓背,低头,尽量拉长后背肌;

(5)换另一腿做,反复 3 次,然后再恢复动作(1)。

图 3—2—48

技术要点

做动作(1)、(2)、(3)时背部挺直,做动作(4)时背部弓起。

错误纠正

做动作(3)时易出现抬起的一侧手臂与腿过高或过低等问题。因此,应保持手臂、腿与地面平行。

伤害预防

为减少对手腕和膝盖的伤害,应注意均匀用力。

 后踢腿式

动作方法 见图 3—2—49

(1)采用趴姿,上半身提起离地,手、肘触地,与肩同宽,头与脊柱呈一条直线;

(2)两腿弯曲,脚跟朝臀部方向收进,10 次为 1 组,共做 3 组。

技术要点

头与脊柱要始终保持在一条直线上。

错误纠正

练习时易出现上半身贴地等问题。因此,应使上体尽量与地面离开。

 伤害预防

为减少对肘部的伤害,应用整个前臂来做支撑。

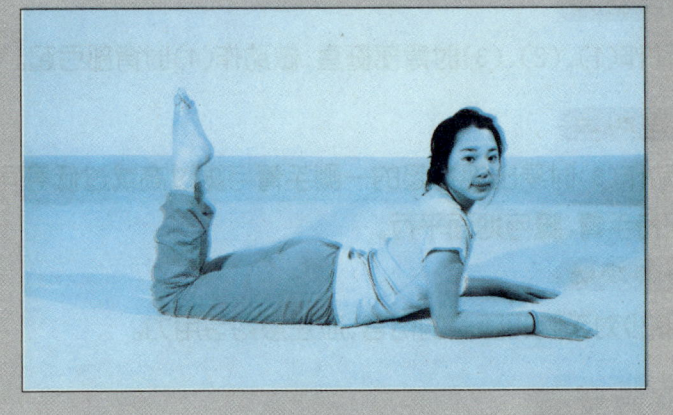

图 3—2—49

 两腿离地式

 动作方法　见图 3—2—50

　　(1)采用趴姿,头与脊柱成一条直线,面部朝下,颈部拉长,肩部保持放松;

　　(2)上半身保持触地,臀部收紧,将两腿伸直提起离地,两腿呈"V"字形,保持此姿势 20 秒;

　　(3)两腿慢慢放回原处,恢复到动作(1)的位置。

技术要点

腰部与腿部力量要到位。

错误纠正

做动作(2)时易出现不自觉地仰头等问题。因此,应始终保持头部贴地。

伤害预防

为减少对胸部肌肉的拉伤,应保持胸部放松。

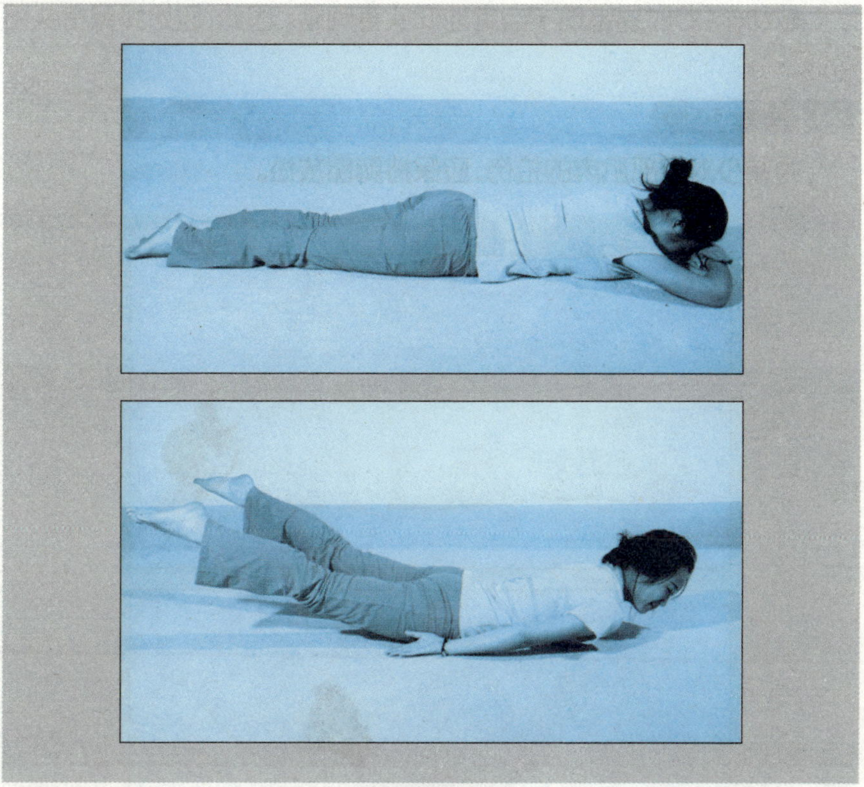

图 3-2-50

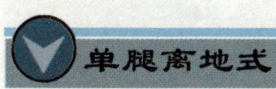

单腿离地式

动作方法

见图 3-2-51

(1)采用趴姿,头与脊柱呈一条直线,面部朝下,颈部拉长,肩部保

持放松；

　　(2)上半身保持触地,左腿伸直提起离地,保持此姿势 20 秒；

　　(3)左腿慢慢放回原处,恢复到动作(1)的位置；

　　(4)上半身保持触地,右腿伸直提起离地,保持此姿势 20 秒；

　　(5)右腿慢慢放回原处,恢复到动作(1)的位置。

❀ 技术要点

腰部与腿部力量要到位。

❀ 错误纠正

做动作(2)时易出现不自觉地仰头等问题。因此,应始终保持头部贴地。

❀ 伤害预防

为减少对胸部肌肉的拉伤,应保持胸部放松。

图 3-2-51

骨盆动作练习 ◆◆◆◆◆◆◆◆◆

在做骨盆动作练习时,想象脊椎由头部延伸至尾骨,手掌压在地上,肩膀远离耳朵,脚紧贴地面。通过练习,可以帮助我们锻炼腹肌,同时很好地协调呼吸。骨盆动作练习主要包括盆骨伸拉、骨盆蜷起和骨盆画圈等。

盆骨伸拉

🌸 **动作方法**　见图3-2-52

(1)仰面躺在地上,膝盖弯曲,脚分开与髋关节同宽,手臂伸过头部(在整个运动过程中手臂始终保持在这个位置),从鼻子向身体两侧和肋骨背部吸气;

(2)呼气,鼓起下腹部来平衡背部,形成摺起的盆骨,耻骨倾斜,把最深的下腹部肌肉隔离,从而使脊椎平坦;

(3)吸气,回到中立位置,呼气,保持中立位置,不要改变身体动作;

(4)吸气,把下背部弯成弓形,下背部和地面之间有轻微的缝隙,把耻骨倾斜下来;

(5)呼气,回到中立位,慢慢地重复1次,然后快速移动,摺起和弓起盆骨重复做4次,中间不要停顿。

🌸 **技术要点**

注意腹部运动与呼吸的配合。

🌸 **错误纠正**

做动作(2)时易出现臀部肌肉紧张等问题。因此,应使臀部放松,不要用力。

🌸 **伤害预防**

为减少对胸部及肩部的伤害,应保持上半身处于放松状态。

图 3-2-52

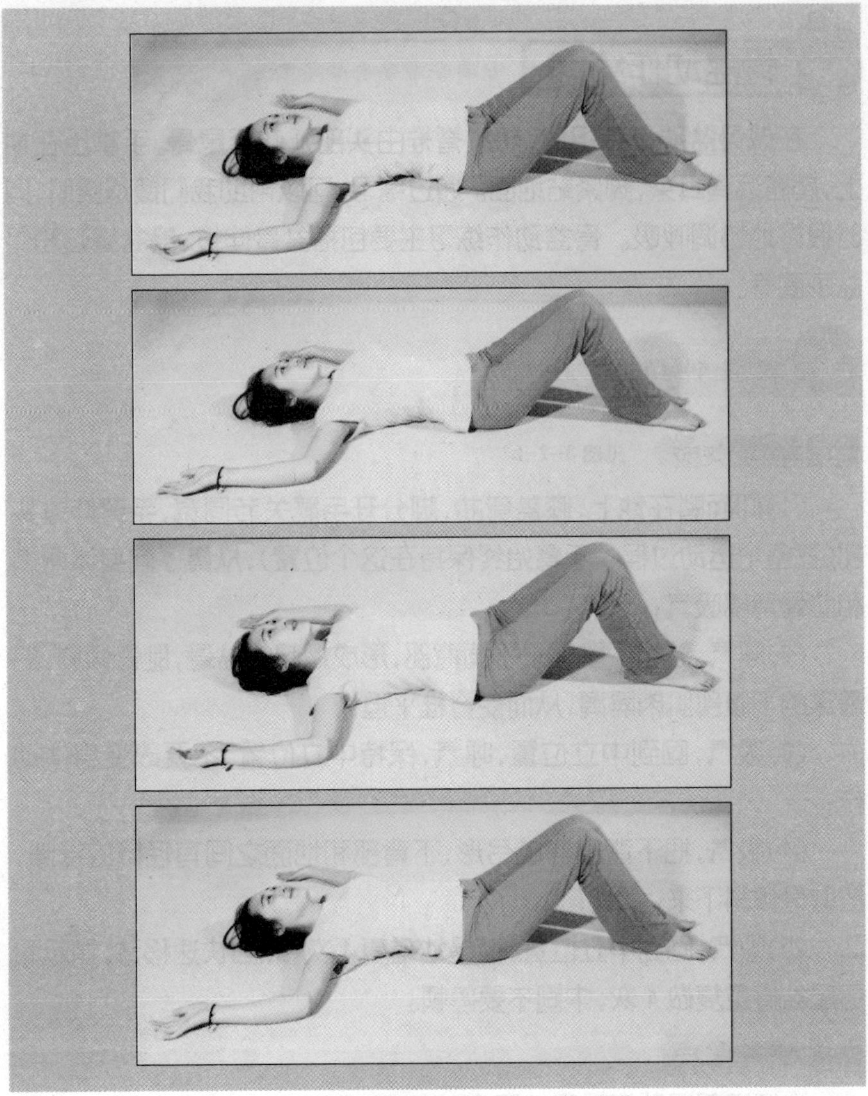

骨盆蜷起

动作方法 见图 3-2-53

（1）身体平躺，两腿弯曲，脊椎保持自然弯曲弧度，两脚分开平行，脚踝、膝盖、髋关节三点在同一直线，两手伸直，平放于骨盘两侧，手心朝下，肩膀放松，骨盘两侧的平面与地面平行，腰部后方保持原有的自

然离地空间,吸气;

　　(2)呼气时,肋骨与腹部收缩,腰椎后方平贴于地面,骨盘倾斜,尾骨自然离地,带动整条脊椎蜷起,至肩膀与膝盖呈同一直线的斜面;

　　(3)吸气,身体停在上方;

　　(4)呼气,由胸口开始放松,沿着脊椎的直线慢慢蜷下着地,回到骨盘平整的位置。

✿ 技术要点

　　(1)做动作(1)时,大腿内侧肌肉略收缩,维持两腿平行位置;

　　(2)做动作(2)时,两手沿着地面往脚趾方向伸展,引导颈部延伸;

　　(3)做动作(3)时,下巴略收,伸展颈部后方。

✿ 错误纠正

　　练习时易出现骨盘左右摇晃或前后倾斜等问题。因此,应保持骨盘稳定不动。

✿ 伤害预防

　　为减少对颈部的伤害,应使颈部后方保持离地的空间,避免将重量压在颈部。

动作练习

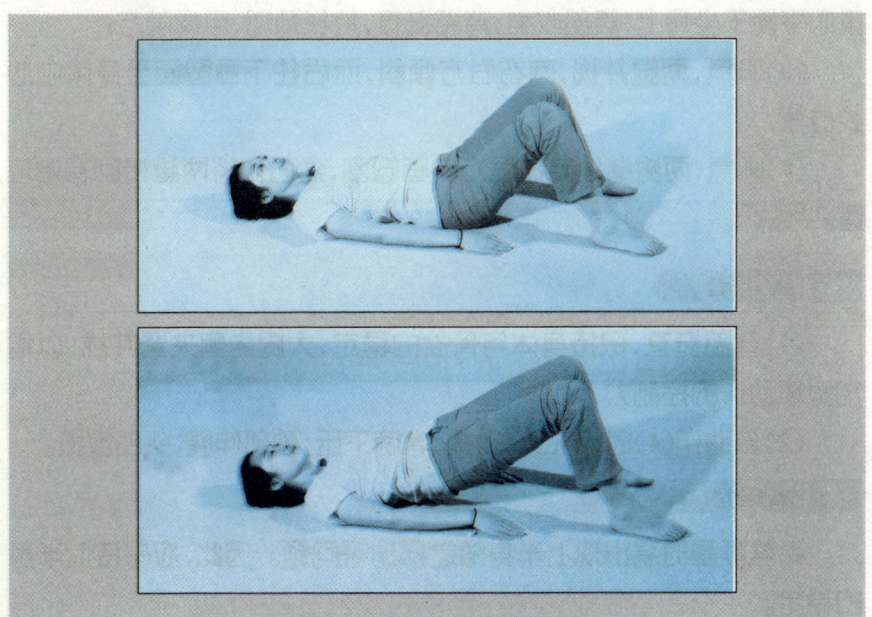

图 3-2-53

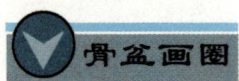 骨盆画圈

🌀 **动作方法** 见图 3-2-54

（1）身体呈坐姿，上半身呈直立位置向后倾斜，两臂伸直置于身后，手掌着地，支撑身体，两手距离与肩同宽，手指尖朝正后方；

（2）两腿先弯曲，并拢于身前，夹紧后再慢慢伸直抬高，至空中与地面呈 45 度角位置，与上半身呈"V"字形，脚掌下压，脚尖绷直，身体重心平衡于坐骨上，腹部收缩，背部挺直，拉长颈部，目视前方；

（3）吸气，两腿并拢，向右后方倾斜，而后往下画圆圈至身体中心线位置；

（4）呼气，两腿继续向左后方向画圆圈，然后再将两腿带回初始位置。

🌀 **技术要点**

（1）背部挺直，保持身体与骨盆的稳定，大腿内侧夹紧并拢，以增加腿部动作的控制力；

（2）做动作（4）时，胸口向上提，肩膀下压，颈部伸展，头部放松。

🌀 **错误纠正**

骨盆画圈时易出现上半身随之摆动等问题。因此，应保持上半身的稳定。

为减少对肩部的伤害，应掌握好手臂与身体的支撑角度。

动作练习

101

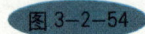

图 3-2-54

伸展与放松练习在普拉提中十分重要，它一般在其他练习之后做，可以帮助练习者缓解运动带来的疲劳感。

动作方法　见图 3-2-55

（1）两腿并拢站立，将手高举过头，吸气，将肚脐向内缩，缩紧臀部，高高伸展手臂，就像早上刚醒过来伸懒腰一样；

（2）吸气，将手臂往前伸，然后下伸，形成一个弧形，就像要伸展脊椎一样，先从头部开始，然后依次是颈部和上背部，最后是下背部向前弯曲；

（3）伸展时手臂前伸，最后手撑在身前的地上；

（4）吸气，放低胸部，做伏地挺身的姿势，如果觉得下背部有点紧，先轻轻抬起臀部再夹紧；

（5）保持动作（4）的姿势，做 8 次伏地挺身，下去时吸气，起来时呼气，试着放慢速度，身体保持紧缩腹部、夹紧臀部的状态；

（6）吸气，慢慢将手收回，恢复到动作（3）的状态；

（7）当身体抬升时，头部维持下垂的姿势，一次只要"堆"一块脊椎即可，身体站直后再抬起头。

🔹 技术要点

这是一组整合动作，需要全身的配合与放松伸展。

🔹 错误纠正

练习时易出现身体弯曲等问题。因此，应保持动作过程中所有身体部位都是伸展的。

🔹 伤害预防

为减少对全身各部位的伤害，应保持全身放松姿态。

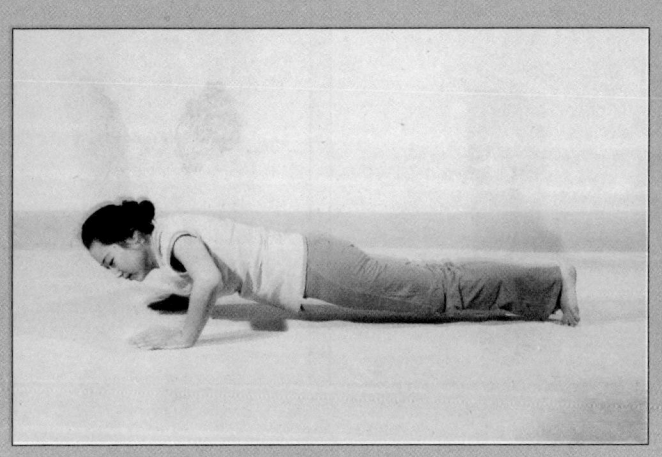

图 3-2-55

休息姿势 ◆◆◆◆◆◆◆◆◆

休息姿势是普拉提所有练习的结束动作，具有一定的总结性，要求全身放松，归于平静。

🎇 动作方法　见图3-2-56

（1）采用跪姿，上半身向前放松趴下，臀部坐在两脚上方，脚板放松触地；

（2）两臂向头顶方向延伸拉长，头部下垂触地，保持此姿势30秒，深呼吸。

🎇 技术要点

整套动作配合自然呼吸。

🎇 错误纠正

练习时易出现两肩抬起的问题。因此，趴下两臂向前伸展时，应尽量下压。

🎇 伤害预防

为减少对全身各部位的伤害，应保持全身的放松姿态。

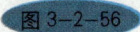

图3-2-56

第四章 其他普拉提锻炼方法

　　随着普拉提运动的开展，出现了多种分支，这些分支形式突破了传统的普拉提练习模式，具有很强的趣味性与创造性。其中包括直立普拉提、健身球普拉提、弹力绳普拉提和双人普拉提等。

第一节

直立普拉提

直立普拉提改变了传统的垫上运动，整个动作过程都保持在直立的姿势下进行，并且常常是在一条腿站立的情况下完成动作。把身体的重心放在一条腿上做动作，可以锻炼下肢的全部肌肉，是健美腿部和臀部的好方法。同时，直立普拉提还能提高身体的平衡性和敏捷性。直立普拉提包括足尖立平衡、单腿平衡式和足尖立体侧屈等。

足尖立平衡

动作方法 见图4-1-1

（1）两脚开立，身体两侧保持对称，手臂自然放于体侧；

（2）脚跟抬起，立脚尖，吸气，两手慢慢抬起至前平举；

（3）呼气，脚跟慢慢下落，屈膝，同时两臂慢慢落在体侧，收腹，立腰；

（4）吸气，腿慢慢伸直，两脚后跟离地，同时两臂经体前上举；

（5）呼气，慢慢落回到动作（1）。

技术要点

呼吸要充分，吸气时头尽量往上顶，呼气时腹部收紧，保持脊椎垂直向上。

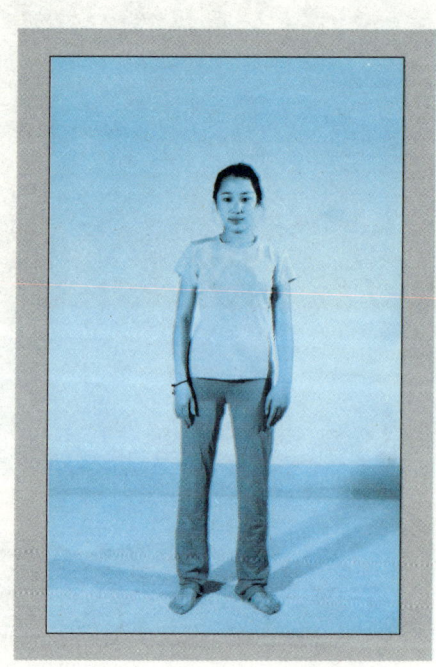

错误纠正

　　练习时易出现呼吸与动作不配合等问题。因此，应保证呼吸顺畅，有节奏。

伤害预防

　　为减少对脚趾的伤害，脚跟抬起离地时应掌握节奏。

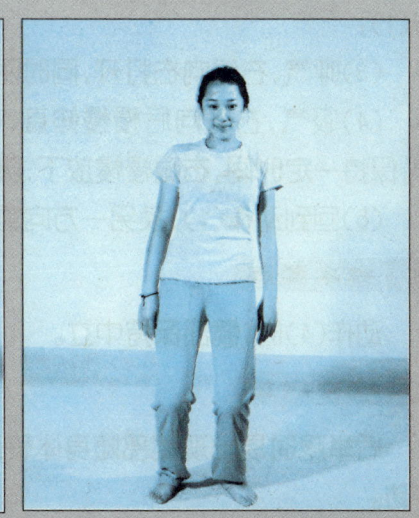

图 4-1-1

单腿平衡式

动作方法   见图4-1-2

（1）左腿站立,右腿屈膝上抬,吸气,同时两臂上抬至前平举;

（2）下肢保持不动,呼气,上体慢慢左转,右臂向右打开,再回到动作（1）;

（3）呼气,右腿向右打开,同时两臂侧平举,再回到动作（1）;

（4）吸气,右腿向后慢慢伸直,左腿屈膝,上体随之向前,两臂前伸,保持一定时间,右腿慢慢放下,脚尖点地;

（5）回到动作（1）,换另一方向重复以上动作。

技术要点

动作（4）时,髋部保持中立。

错误纠正

后举腿时易出现髋部随身体转动等问题。因此,应保持髋部不要转动。

伤害预防

为减少对跟腱部的压迫,脚掌应充分着地。

图 4-1-2

足尖立体侧屈

动作方法　见图4-1-3

（1）直立，两手胸前合十，指尖向上，两肘向外打开，保持脊椎垂直于地面；

（2）两脚跟慢慢抬起，两手慢慢向上延伸，呈直臂上举（两手合十）；

（3）两脚跟慢慢落地，呼气，上体向右侧屈；

（4）吸气，回到动作（2），换左侧体屈。

技术要点

做动作（2）时手脚尽量延伸；颈部始终保持延伸状态。

错误纠正

练习时易出现上体转动等问题。因此，应保证体侧屈时髋部不动，上体不动。

伤害预防

为减少对腰部的伤害，身体应维持在同一平面内，与地面垂直。

图 4-1-3

第二节
健身球普拉提

　　健身球普拉提区别于传统普拉提练习之处在于,它是借助健身球完成动作的。健身球普拉提更有益于塑造腰腹部、胯部、臀背部及下腰部肌肉。而健身球又可以锻炼练习者身体良好的平衡性和协调性。两者结合,可以更加突出对身体各部位全方位的锻炼。

❈ **动作方法** 见图 4-2-1

（1）两腿并拢，呈跪立，两手于体前持球；

（2）两手持球慢慢由前至头顶上方直臂举起，腰部、腹部和手臂收紧；

（3）手臂慢慢下落，将球放于体前，含胸低头，背部放松，身体与球吻合；

（4）两手扶地呈跪撑，球放于体下，肩部放松；

（5）两手向前撑地，腹部压住球，保持身体在球上的稳定性；

（6）两脚离开地面，两手撑地慢慢依次前移，两腿伸直，脚尖绷直；

（7）两手依次前行，球随之在腹下滚动，身体保持呈一条直线；

（8）两手依次前行，球继续滚动；

（9）两手继续前移至俯撑，球滚至小腿下，腹部收紧，身体呈一条直线。

❈ **技术要点**

人与球的相互融合是健身球普拉提的关键。

❈ **错误纠正**

练习时易出现身体随着健身球滚动，无法保持平衡等问题。因此，应控制好球，不能完全趴于球上，要有一定的依附和支撑。

❈ **伤害预防**

为减少对肩部及腕部的伤害，应尽量控制下身与球的接触，不可将全身重量都集中于手臂上。

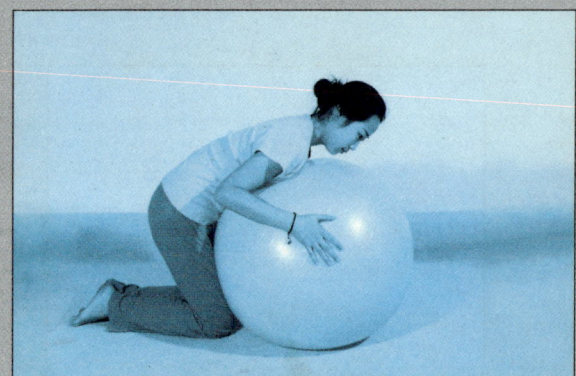

图 4-2-1

第三节

弹力绳普拉提

　　弹力绳普拉提区别于传统普拉提之处在于，它是借助弹力绳完成动作的。弹力绳普拉提是锻炼胸部、背部和手臂肌肉柔韧性的有效方法。

(1)仰卧,左腿伸直,右腿屈膝,右脚踩住弹力绳两手拉住弹力绳,大小腿呈90度角,大腿与地面垂直;

(2)仰卧,右腿向上伸直,两手拉住弹力绳;

(3)两手拉住弹力绳,屈右腿,同时向上卷腹,还原,反复做3次;

(4)仰卧,屈两腿,大小腿呈90度角,大腿与地面垂直,两脚踩住弹力绳,手于大腿两侧抓住弹力绳两端;

(5)两手拉住弹力绳,收腿卷腹,反复做3次。

✿ 技术要点

踩住弹力绳时要注意勾脚。

✿ 错误纠正

做动作(1)和动作(4)时易出现手臂弯曲的问题。因此,应注意保持手臂与弹力绳呈一条直线。

✿ 伤害预防

为减少对腿部肌肉的伤害,应保证腿部张弛有度。

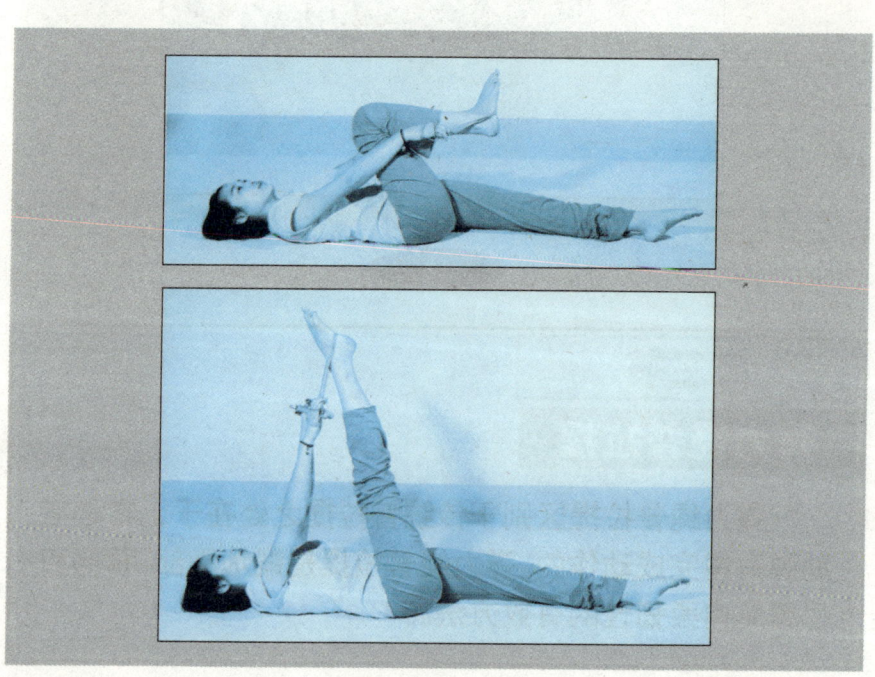

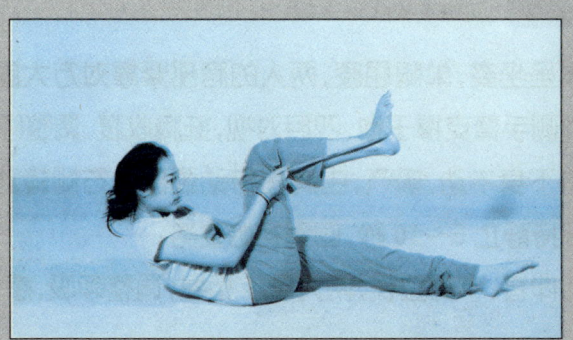

图 4-3-1

第四节

双人普拉提

　　双人普拉提区别于传统普拉提之处在于,由一个人的练习转变成两个人的相互配合,这样可以增加锻炼的趣味性。

动作方法 见图 4-4-1

(1)身体呈坐姿,单腿屈膝,两人的胯部紧靠对方大腿,里侧手臂扶于膝盖,外侧手臂支撑于地,四目对视,挺胸收腹,调整呼吸;

(2)保持下身不动,吸气,由肩部带动颈部向右侧转动,直到两人肩部轻抵,保持静止5~10秒,回到初始姿势;

(3)腿部伸直,手臂拉长,两人单手相握,调整呼吸,感觉侧腰肌肉拉伸;

(4)继续体侧弯曲,直至两人头顶相抵,保持此姿势10秒后回到初始姿势,之后两人换位,重复该组动作。

技术要点

两人动作配合要协调。

错误纠正

练习时易出现两人背对背的情况,这样不能很好地拉伸侧腰肌。因此,应该使两人肩部相抵。

伤害预防

为减少对侧腰肌的拉伤,应适度拉伸。

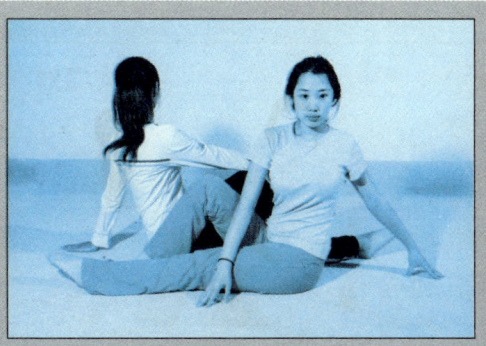

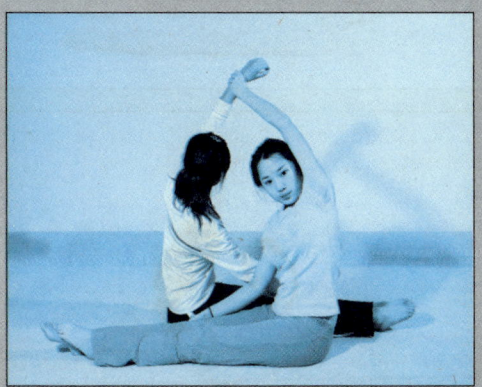

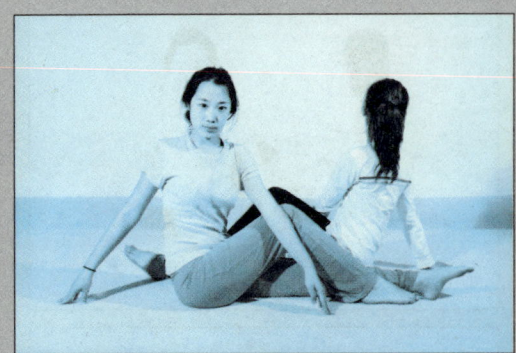

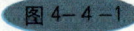

图 4—4—1